Wissenschaftliche Beiträge aus dem Tectum Verlag

Reihe Psychologie

Wissenschaftliche Beiträge aus dem Tectum Verlag

Reihe: Psychologie
Band 29

Peter Bohley

Identität

Wie sie entsteht und warum der Mensch sie braucht

Tectum Verlag

Peter Bohley
Identität. Wie sie entsteht und warum der Mensch sie braucht
Wissenschaftliche Beiträge aus dem Tectum Verlag
Reihe: Psychologie; Bd. 29

ISBN: 978-3-8288-3690-7
ISSN: 1861-7735

Umschlaggestaltung: Sabine Borhau | Tectum Verlag
Satz und Layout: Sabine Borhau | Tectum Verlag
Druck und Bindung: CPI buchbücher.de, Birkach
Printed in Germany

Besuchen Sie uns im Internet
www.tectum-verlag.de

MIX
Papier aus verantwortungsvollen Quellen
FSC www.fsc.org FSC® C083411

Bibliografische Informationen der Deutschen Nationalbibliothek
Die Deutsche Nationalbibliothek verzeichnet diese Publikation in der Deutschen Nationalbibliografie; detaillierte bibliografische Angaben sind im Internet über http://dnb.ddb.de abrufbar.

Inhalt

Vorwort

Das vorliegende Buch möchte Identität als eine für das Leben als Mensch unentbehrliche Eigenschaft zeigen. Jedes Individuum und jede von Menschen gebildete Gemeinschaft ist auf Identität angewiesen, um handeln zu können. Die menschliche Identität ist im Verlauf der Evolution aus Instinkten des sich zum Menschen entwickelnden Lebewesens hervorgegangen und übernahm nach und nach ursprünglich von Instinkten wahrgenommene Funktionen. Ein von Identität geleitetes Handeln trat an die Stelle eines von Instinkten ausgelösten Reagierens. Identität wurde als seelische Ausstattung zu einem zentralen Bestandteil der menschlichen Konstitution. Nur dank seiner Identität konnte sich der Mensch überall auf der Erde seinen Lebensraum einrichten. Auch hätten ohne das Vorhandensein von Identität menschliche Kulturen nicht entstehen können. Die menschliche Identität ist eine verborgene Quelle von Kraft, die sich zwar exakter Messung entzieht und sich oft nicht einmal in Worte fassen lässt, die man aber zu deuten versuchen kann. Erstmals wurde der Begriff der menschlichen Identität von *Sigmund Freud* verwendet.

In erster Linie soll im vorliegenden Buch gezeigt werden, dass der Zweck der Identität vor allem darin besteht, *Lebenshilfe* zu sein. Außerdem versteht sich das vorliegende Buch als *Klärung* des häufig missverstandenen oder als Rätsel empfundenen Identitätsbegriffs. Vor allem jedoch soll die Darstellung von menschlicher Identität einem besseren *Verständnis* von uns selbst dienen. Der Leser soll sich im Gelesenen wiedererkennen können und sich auch bewusst werden, dass der Besitz von Identität eine Quelle seines Wohlbefindens sein kann. Das Buch bedient sich einer leicht lesbaren und gut verständlichen Sprache.

Die in der vorliegenden Studie verwendeten Beispiele sind zum Teil dem Alltagsleben, teilweise auch der deutschen und der Schweizer Geschichte entnommen. Das Handeln von Menschen kann nur dann ganz verstanden werden, wenn auch die seelischen Kräfte berücksichtigt werden. Auch die Gesamtheit eines Kollektivs kann die Rolle eines Akteurs spielen, der den Verlauf der Geschichte mitbestimmt. Mit meiner Studie versuche ich, einen Beitrag zu leisten für ein vertieftes Verständnis der insgesamt gesehen glücklichen Schweizer Geschichte, aber auch der Höhen und Tiefen der deutschen Geschichte.

Für die Durchsicht des Buches und für wertvolle Anregungen danke ich vor allem folgenden Personen: Allen voran *Peter Bohley*, Professor an der Universität Tübingen, meinem Namens- und zugleich tatsächlichen Vetter (in dritter Generation). Ebenso danke ich den Teilnehmern des von ihm ins Leben gerufenen Tübinger Freitags-Gesprächskreises, sodann *Hermann Lübbe*, meinem Kollegen aus gemeinsamer Zeit an der Universität Zürich, und ganz besonders Professor *Klaus Jonas*, Ordinarius für Sozialpsychologie an der Universität Zürich. Dank schulde ich nicht zuletzt allen meinen Freunden, Verwandten und Bekannten, die mit ihren Hinweisen und Kommentaren die Entstehung des Buches begleitet und mir bei der Überwindung von Krisen geholfen haben. Nicht zuletzt schulde ich Dank meiner Frau *Hiltrud*, genannt Kora, die auf ihre liebevolle Weise entscheidend dazu beigetragen hat, dass die vorliegende Arbeit realisiert werden konnte.

Zürich, im Frühjahr 2015 Peter Bohley

Einleitung und Überblick

Die im vorliegenden Buch dargelegte Erkenntnis, dass Identität ein zentraler Bestandteil der menschlichen Konstitution ist, bedeutet nicht nur, dass Identität eine Antwort auf die Frage: „Wer bin ich?“ geben kann, sondern bedeutet vor allem, dass sie eine in der menschlichen Psyche verankerte Hilfe ist, um das Leben eines Menschen führen zu können. Seine Identität zu kennen und sich ihrer sicher zu sein, ist daher für jeden von uns, wenn auch meist unbewusst, von vitalem Interesse. Nicht viel weniger wichtig ist es für uns aber auch, die Identität anderer Menschen zu kennen, denen wir im Leben begegnen, sei es Freund oder Freundin, seien es Kollegen, mit denen wir es im Berufsleben zu tun haben, oder seien es Menschen, die wir, vielleicht im Urlaub, zufällig treffen. Um über die Identität anderer Menschen etwas zu erfahren, sind wir in der Regel auf *Anhaltspunkte* angewiesen, die sich aus der Beobachtung ihres Verhaltens oder ihres Lebensstils ergeben. Daraus lassen sich Rückschlüsse ziehen. Die im vorliegenden Buch vorgenommenen Beschreibungen von Identitäten sind auf Anhaltspunkte angewiesen, die eine Deutung erlauben. Es hätte andernfalls gar nicht geschrieben werden können.

Der Besitz einer Identität hat von den Anfängen des eigentlichen Menschseins an bis zum heutigen Tag nichts von seiner Bedeutung verloren. Trotz aller Veränderungen der Lebensumstände haben die Menschen daher bis heute das Gefühl für die *Unentbehrlichkeit* ihrer Identität behalten. Das Bedürfnis, Identität zu haben oder sich ihrer zu vergewissern, wird neuerdings z.B. durch Rekonstruktionen historischer Bauwerke befriedigt, durch Initiativen für den Heimatschutz, durch Wiederbelebung von alten Bräuchen, durch intellektuelle Pflege sogenannter Erinnerungsorte oder durch Auszeichnung von Kulturdenkmälern und Kulturlandschaften als Welterbe der Menschheit durch die UNESCO. Die Menschen fühlen sich auch nach wie vor verpflichtet, zur Stiftung von Identität bei den jeweils nachfolgenden Generationen beizutragen.

Einführend wird anhand eines berühmt gewordenen Beispiels gezeigt, wie Identität manchmal unerwartet zutage treten kann, welche Tatsachen oder Geschehnisse im Allgemeinen zur Bildung unserer persönlichen oder kollektiven Identität führen können, wie wir uns im Speziellen als moderne Bürger eines Staates kollektive Identität aneignen können oder wie sie uns zu großen Teilen ganz unbewusst zuwächst. Um die Bedeutung von menschlicher Identität zu ermessen, muss man allerdings den Grund ihrer Entstehung im Zuge der Evolution kennen. Nur so ist es möglich, das Geheimnis der Identität zu entschlüsseln. Nur so kann gezeigt werden, warum und auf welche Weise beim einzelnen Menschen in den aufeinanderfolgenden Stadien seines Lebens Identität entsteht, welchen Zwecken sie dient, weshalb ein Mensch bemüht ist, sich ihrer zu vergewissern und sich durch den Besitz von Identität Wohlbefinden zu verschaffen. Nur so kann auch die Bedeutung von kollektiver Identität als zugrundeliegende Kraft bei der Entwicklung der Menschheit verstanden werden. Leider gilt das aber auch hinsichtlich der zerstörerischen Kraft, die bei ihrer Infragestellung ausgelöst werden kann.

Im Detail bestehen die einzelnen Kapitel des Buches aus Folgendem: Im *ersten* Kapitel wird dargestellt, wie eine *moderne* nationale Identität entstehen kann, wodurch sie sich vom unheilvollen Nationalismus vergangener Zeiten unterscheidet und wie Menschen ihr Bedürfnis stillen können, sich ihrer Identität zu vergewissern. Identität wird mit einem *Kompass* verglichen, den ein Mensch zu seiner Orientierung braucht. Auf einen Kompass kann man sich nur verlassen, wenn man sicher ist, dass er richtig anzeigt. Nur eine durch Vergewisserung bestätigte Identität ermöglicht eine verlässliche Orientierung und ein damit einhergehendes Wohlbefinden.

Im *zweiten* Kapitel wird dargestellt, aus welcher biologischen Logik sich Identität im Verlauf der Evolution aus Instinkten zu einem wesentlichen Bestandteil der menschlichen Konstitution entwickelt hat. Die Untersuchung führt zu dem Ergebnis, dass Identität das zum Menschen werdende Lebewesen von Biotopabhängigkeit befreite und zu einer für das Überleben als Mensch unentbehrlichen Lebenshilfe wurde. Allerdings gingen bei der Entstehung von Identität nicht alle Eigenschaften von Instinkten verloren. Das zweite Kapitel öffnet den Weg zu einem neuen Verständnis der menschlichen Psyche und erweitert unser Wissen über die menschliche Konstitution, die sogenannte *Condition humaine*.

Im *dritten* Kapitel wird in Anlehnung an den Psychologen *Erik H. Erikson* beschrieben, wie der einzelne Mensch in den aufeinanderfolgenden Phasen seines Lebens seine Identität erwirbt, von welcher Art die dabei erworbenen Identitätsbestandteile sind und wozu sie gebraucht werden. Auch zum Begriff der kollektiven Identität und für das Verständnis von kollektiver Identität und ihrer Bedeutung hat *Erikson* Entscheidendes beigetragen.

Das *vierte* Kapitel soll die von *kollektiven* Identitäten mobilisierbare Kraftentfaltung und ihre Bedeutung auch im Fall moderner *Staaten* zeigen. Vom Standpunkt der Identität aus gesehen, bedeutete die Entstehung von demokratischen Staaten in der Nachfolge von Imperien oder Feudalherrschaften einen gewaltigen Fortschritt. Die zu Bürgern gewordenen Untertanen können sich jetzt als vollberechtigte Bewohner eines gemeinsamen Hauses verstehen und selber die Verantwortung für ihr Gemeinwesen tragen. Ihre kollektive Identität wurde für ihr gemeinsames Handeln nicht selten zu einem maßgebenden, wenn auch manchmal problematischen Kompass.

Die Ausrichtung dieses Kompasses hat sich in jüngster Vergangenheit zumindest in den westlichen Ländern erheblich verändert. War noch bis vor kurzem der Besitz einer nationalistisch geprägten Identität eine gewissermaßen metaphysisch begründete Bürgerpflicht, wandelte sich diese Identität unter dem Eindruck traumatischer Ereignisse der jüngeren Vergangenheit und als Folge eines kulturübergreifenden Wandels des Lebensstils zu einer für die *Selbstverwirklichung* des Menschen und für menschliches Wohlbefinden notwendigen Voraussetzung.

In Kapitel *fünf* soll zu zeigen versucht werden, von welcher Identität die für die Schweiz maßgeblichen Akteure in entscheidenden Momenten geleitet wurden und wie die bis heute wirkungsmächtige kollektive Identität der Schweiz aus der Lebenswirklichkeit der in ein bis anhin unerschlossenes Berggebiet der Alpen eingewanderten Alemannen entstehen konnte. Gestiftet wurde diese Identität von den Gegebenheiten und Notwendigkeiten einer vor allem aus Allmendebewirtschaftung bestehenden Landwirtschaft. Diese auf der Grundidee der Genossenschaft beruhende Form der Landwirtschaft wurde bis in die Gegenwart zum prägenden Grundbestandteil der Schweizer Identität.

Kapitel *sechs* ist dem Versuch gewidmet, die Entstehung deutscher Identitäten zutreffend darzustellen. Im Fall der Germanen als den Vorfahren der Deutschen lassen die Mitteilungen des römischen Schriftstellers *Tacitus* das Bild kriegerischer Stämme mit der Bereitschaft zu einer jeweils bedingungslosen Gefolgschaft ihrem Gefolgsherren gegenüber entstehen. Untereinander übten sie offenbar routinemäßig den Kampf gegeneinander, wobei sie zu absoluter Treue und zu vollem Einsatz für ihren Gefolgsherren bei Strafe des Todes verpflichtet gewesen sein sollen. Vor allem durch Identifizierung mit den von *Tacitus* beschriebenen Eigenschaften sind deutsche Identitätsbestandteile entstanden, die ein Vertrauen in die Form der kollektiven Gefolgschaft begründeten.

Nach dem Niedergang des christlich-universalistisch orientierten römisch-deutschen Kaisertums und angesichts eines fehlenden weltlich-nationalen Kraftzentrums überlebte bei den Deutschen eine verinnerlichte Sehnsucht nach einem Gefolgsherren, wie der Mythos des im Kyffhäuser schlafenden Kaisers *Barba-*

rossa symbolhaft veranschaulichte. *Martin Luther* hat den Deutschen in ihrer damaligen Not dann zu Identitäten verholfen, die sie immer wieder zu großen Leistungen auf den Gebieten der Philosophie, der Wissenschaft, der Literatur und der Musik befähigten. Er schuf die Voraussetzung für das Entstehen von sogenannter Weltfrömmigkeit. Tragfähige nationale Identität konnte allerdings nicht entstehen. Nationale Identität wurde zwar oft beschworen, aber sie wurde nie gelebt. Das in den deutschen Identitäten verankerte Vertrauen in die Herrschaftsform der Gefolgschaft blieb weitgehend erhalten.

Im Ausblick wird die Vermutung ausgedrückt, dass in Zukunft aus heute vorhandenen Staaten neue Staaten hervorgehen werden. Durch eine konsequente Ausrichtung an kollektiver Identität versprechen sich Teilbevölkerungen eine größere Stabilität ihres Gemeinwesens. Es ist daher nicht ganz unwahrscheinlich, dass es in manchen Teilen der Welt zur Entstehung neuer, auf der Grundlage tragfähiger kollektiver Identitäten errichteter Nationalstaaten kommen wird. Für eine solche Entwicklung könnte ein wachsendes ökologisches und ein von der Informationstechnologie verändertes kollektives Bewusstsein von ausschlaggebender Bedeutung werden.

1

Wie Identität entsteht und wie wir uns ihrer vergewissern

Identität als Selbstbild des Menschen – Die Bestandteile von Identität – In der Sprache von Gefühlen sich ausdrückende Identität – Das Bedürfnis nach Selbstvergewisserung – Kollektive Identität als Grundlage moderner Gemeinwesen – Pierre Nora: Les lieux de mémoire, Erinnerungsorte als Gegenstände der Identitätsstiftung und als Objekte der Selbstvergewisserung – Beispiele der Stiftung von kollektiver Identität durch Geschichte, Sprache, Bauwerke, Sport, Wirtschaft – Kollektive Identitätsvergewisserung durch Symbole und Mythen –Vergewisserung von kollektiver Identität als vorrangige Aufgabe demokratischer Politiker – Langlebigkeit tragfähiger Kollektividentitäten

„Ich bin ein Berliner", verkündete der amerikanische Präsident *John F. Kennedy* während seines Besuchs 1963 in dem von Mauern umschlossenen und von sowjetischen Panzern umzingelten Teil Berlins. Mit diesem in die Geschichtsbücher eingegangenen Satz, den er vom Balkon des Schöneberger Rathauses der versammelten Menge zurief, löste er frenetischen Beifall aus. Warum gab es einen solchen Beifall? Wörtlich genommen war der Satz falsch. Gerade das ermöglichte es jedoch, ihn „richtig" zu verstehen, d.h. als das Bekenntnis *Kennedys*, er habe die *Identität* eines Berliners. Ohne von Identität zu sprechen, vergewisserte *Kennedy* die versammelten Westberliner in ihrer kollektiven Identität, indem er sich in ihre Identität einschloss. Sie dankten ihm dafür mit nicht enden wollendem Beifall. Die Leute hatten verstanden, dass *Kennedy* ihnen mit seinen Worten mitteilen wollte, er teile ihr „Wir-Gefühl", d.h. ihre Identität des „Wir-lassen-uns-nicht-unterkriegen". Nicht weniger als die damals 15 Jahre zurückliegende *Berliner Luftbrücke* empfanden die Berliner diese Versicherung der Teilhabe an ihrer Identität als eine große Unterstützung bei ihrem bisher zäh durchgestandenen Kampf um Zukunftsbewältigung.

Als *Kennedy* 1963 Berlin besuchte, stand die Stadt im Brennpunkt des nach dem zweiten Weltkrieg entstandenen Ost-West-Konflikts. Der Westteil der ehemaligen Reichshauptstadt war von der übrigen Welt weitgehend abgeriegelt und nur über die Luft frei zugänglich. 1961 war der Westteil von Berlin durch eine mit einem Todesstreifen versehene hohe Mauer zu einer Enklave der sowjetischen Besatzungszone gemacht worden. Ein Versuch, mit der Waffe von Panzern und Kanonen die Freiheit Westberlins herzustellen, wäre nur um den Preis eines neuen Weltkriegs möglich gewesen. In dieser Lage hat *Kennedy* in seiner Rede an die Berliner durch sein Bekenntnis zur Berliner Identität auf Identität als ein Mittel hingewiesen, mit dem die Freiheit Berlins viel wirkungsvoller als mit Waffen verteidigt werden konnte.

Man kann die Identität, von der hier die Rede ist, als das Bild verstehen, das sich Menschen von sich selber machen, oder als die Antwort auf die meist stille Frage eines Menschen an sich selber: „Wer bin ich?" Im Fall einer Gruppe oder einer Gemeinschaft (eines Kollektivs, wie beispielsweise der Bevölkerung einer Stadt oder eines Staates) kann sich jedes Mitglied, die anderen einschließend, die stille Frage stellen: „Wer sind wir?" Dass man von Identität als Antwort auf eine solche, in der Regel natürlich unausgesprochene Frage reden kann, wird durch die eigentümliche Fähigkeit des Menschen ermöglicht, zu sich selbst Abstand zu nehmen und sich in seinem *geistigen Spiegel* anzusehen, d.h. bei sich ein Selbstbild zu erkennen. Das vor seinem inneren Auge Erscheinende kann ein Mensch als sein Selbstbild beziehungsweise als seine Identität wahrnehmen.

Für den Hirnforscher *Ernst Pöppel* bestimmt sich unsere Identität durch unser bildliches Wissen, das wir aus unserer Vergangenheit in unser Inneres mitgenommen haben. „Das Wissen um uns selbst, wer wir eigentlich sind, was unser Selbst ausmacht, wird bestimmt durch jene Bilder, die wir in uns tragen."[1] Auch die Ergebnisse von Denkvorgängen können ihren Niederschlag in Identitäten finden, gleichwohl ist Identität nicht dasselbe wie ein Denkvorgang. Denkvorgänge können für die Entstehung von menschlicher Identität eine entscheidende Rolle spielen, wenn sie ihren Niederschlag in unserem Inneren finden. Auf jeden Fall ist Identität etwas sehr Wirkliches und für einen Menschen ein Teil seiner Realität.

Man darf Identität nicht mit *Ideologie* verwechseln. Ideologie kann zwar Bestandteil einer Identität werden, aber von ihrem Ursprung her handelt es sich bei Ideologie um etwas ganz anderes als bei Identität. Ideologie ist ihrem Charakter entsprechend primär ein Denkmodell, Identität ist hingegen im Prinzip ein Gefühlsmodell. Identität ist eine Befähigung, die ein Mensch im Lauf seines Lebens neben anderen geistigen Befähigungen erwirbt. Es sind dies seine Sprachfähigkeit, seine Denkfähigkeit, seine Erinnerungsfähigkeit und schließlich auch seine schöpferische Phantasie, d.h. sein Vorstellungsvermögen. Seine Identität spielt gewissermaßen die Rolle eines Zentrums aller dieser Befähigungen. Sie wird von diesen unterstützt und wirkt auf diese zurück.

Identität kann aus allem entstehen, was Menschen bewusst oder unbewusst beeindruckt, womit sie sich identifizieren und was sie dadurch zu einem Identitätsbestandteil machen. Identität beinhaltet Haltungen oder Einstellungen, die uns bei unseren Entscheidungen und unserem Handeln leiten. Wenn wir beispielsweise unter verschiedenen in Frage kommenden Alternativen bei einer davon „ein gutes Gefühl" haben, wenn wir einer von ihnen mehr zuneigen als den anderen, dann haben wir eine Antwort in der Form erhalten, wie sie uns auf unsere Fragen an uns von unserer Identität gegeben wird. Umgekehrt: Wenn wir beispielsweise um eines Vorteils willen zur Lüge greifen, meldet

1 Pöppel, Der Rahmen, S. 147.

sich unsere Identität zu Wort, indem wir ein schlechtes Gewissen bekommen. Die Möglichkeit eines schlechten Gewissens bewahrt uns vor vielerlei Verfehlungen, ein gutes Gewissen zu bekommen veranlasst uns andererseits zu Taten, wie z.B. zu einer Spende, wenn sich irgendwo in der Welt eine Katastrophe ereignet hat.

Die Antworten auf unsere Fragen an unsere Identität teilen sich uns also vor allem in Form eines Empfindens oder *in der Sprache von Gefühlen* mit. Es sind dies oft stille, vielleicht nagende, aber in der Regel nicht überschäumende Gefühle, wie sie z.B. bei extremer Verliebtheit, bei tiefer Trauer oder existentieller Bedrohtheit auftreten können. Es ist nicht immer einfach, die Sprache von Gefühlen, durch die sich uns unsere Identität mitteilt, richtig zu deuten. Da vieles von dem, was wir über unser Selbst wissen wollen, tief in unserem *Inneren* verborgen ist, sind wir oft im Unsicheren, was unser Gefühl uns zu verstehen geben möchte. Es besteht immer die Möglichkeit, sich zu täuschen oder Erwünschtes mit Identität zu verwechseln. Um unserer Identität sicher zu sein, müssen wir uns ihrer *vergewissern* und sind dankbar, wenn uns diese Vergewisserung wie im Fall der Berliner Rede *Kennedys* geschenkt wird.

Die Begeisterung, die *Kennedy* auslöste, war also Ausdruck des Dankes für die Bekräftigung einer Identität, die den Westberlinern die Kraft verlieh, in ihrer belagerten Stadt auszuharren, oder kurz gesagt, Berliner zu bleiben. Identität und im Speziellen eine durch Vergewisserung bekräftigte Identität konditioniert uns zum Handeln und verleiht uns die dazu notwendige Kraft. Die Westberliner brauchten solche Kraft, um weiterhin die Beschränkungen der Belagerung ertragen zu können und um nicht abzuwandern. Ohne diese Kraft wäre Westberlin als Enklave der sowjetischen Besatzungszone nicht zu halten gewesen.

Wenn bisher von Identität die Rede war, handelte es sich meistens um kollektive Identität und deren Bedeutung als mobilisierende Kraft. An den Tag gebracht wurde die Realität dieser Tatsache im Fall der Berliner Rede *Kennedys* von einem Menschen mit einer offensichtlich ganz besonderen Begabung. Es ist daher naheliegend, sich zu fragen, in welcher *persönlichen* Identität diese Begabung verankert war. Im Fall *Kennedys* weiß man viel über sein Leben, seine Herkunft und über die von ihm geäußerten Überzeugungen. Man kann unterstellen, dass er sich den zitierten Satz, der den Höhepunkt seiner Rede an die Berliner bildete, gut überlegt und ihn in seiner Wirkung vorher durchaus berechnet hat. Ein Politiker sucht Anerkennung und Zustimmung beim Publikum, an das er sich wendet. Kennedy war ein politisches Talent, seine persönliche Identität war die eines bedeutenden Staatsmannes, doch brauchte er natürlicherweise die Anerkennung von anderen Menschen, um sich seiner Identität als erfolgreicher Staatsmann zu vergewissern.

So verschieden, wie Menschen sind, so verschieden sind ihre individuellen Identitäten. In jedem Fall bestehen sie aus vielen Einzelbestandteilen, die aber bei aller Heterogenität *ein Ganzes* bilden und in der Regel eine gewisse Dauerhaftigkeit besitzen. Grundbestandteile einer persönlichen Identität sind *Geschlecht* und *Abstammung*. Durch den Namen, den uns unsere Eltern geben, dadurch, wie sie uns kleiden, durch die Spielsachen, die sie uns schenken, und auf tausenderlei andere Weise lassen sie in uns die Identität entstehen, dass wir ein Bub oder ein Mädchen sind. Grundsätzlich kann Identität aus allem bestehen, was wir aus dem uns Widerfahrenen machen oder was uns nachhaltig oder unbewusst beeindruckt. Zu unserer Identität gehört auch unser persönliches Empfinden bezüglich dessen, was wir als gut oder schlecht ansehen. Auch was wir als schön oder hässlich empfinden oder wovor wir uns ekeln, ist unserer Identität eingeprägt, ebenso wie das, was uns subjektiv in Angst versetzt.

Auch persönliche Eigenschaften, wie beispielsweise hohe Intelligenz, Ehrgeiz, Durchsetzungsfähigkeit, Bescheidenheit oder eine spezielle Begabung, wie z.B. die Begabung zum Handwerker, können bei ihrem Besitzer zu einem persönlichen Identitätsbestandteil werden. Schließlich kann auch das Gefühl eines Menschen, etwas Besonderes zu sein, vielleicht in dem Sinn, für eine besondere Aufgabe vom Schicksal „erwählt“ oder vielleicht sogar „berufen“ zu sein, einen Bestandteil seiner Identität bilden.

Wer einen solchen Identitätsbestandteil besitzt, dürfte einen besonders starken Antrieb haben, seine Identität bestätigt zu sehen.

Vieles, was Bestandteil einer Identität werden kann, lässt sich nicht in Worte fassen. Manches ist uns auch gewissermaßen zugeflogen. Nicht bewusst Wahrgenommenes, unbewusst Erlebtes, von den Eltern auf uns Übertragenes oder von unserer Umwelt in irgendeiner Weise auf uns Übergegangenes kann sich in unsere Identität eingegraben haben. Die Grenze zwischen dem, was Bestandteil unserer Identität geworden ist, und dem, was als Restbestandteil unseres Instinkts noch vorhanden ist, ist oft nicht exakt bestimmbar.

Zur *Vergewisserung* einer Identität kann vielerlei dienen. Manchmal genügt ein ganz normaler Spiegel. Ein Athlet beispielsweise möchte sein Selbstwertgefühl aber nicht nur durch sein Aussehen, sondern vor allem durch die Zahl der von ihm gewonnenen Medaillen bestätigt sehen. Einem Uhrmacher kann die Nachfrage nach den von ihm hergestellten Uhren zur Vergewisserung seiner Begabung zum Uhrmacher dienen. Ein Wissenschaftler möchte sein Selbstwertgefühl durch die Zahl seiner Publikationen, die Häufigkeit, mit der er in Fachzeitschriften zitiert wird, oder durch die Höhe und das Ansehen der von ihm gewonnenen Preise anerkannt sehen. Bei Politikern liefert die Wahl oder Wiederwahl und die Anzahl der erhaltenen Stimmen, bei Schauspielern der Applaus oder die Zahl der „Vorhänge" am Ende der Aufführung die notwendige Vergewisserung ihrer Identität. Für viele Menschen spielt die Höhe ihres Lohns oder ihres Gehalts diese Rolle.

Was die Abstammung betrifft: In den meisten Fällen kennen wir natürlich unsere leiblichen Eltern und unsere engsten Verwandten. Doch es gibt auch Fälle, bei denen dies nicht der Fall ist, beispielsweise, weil der Vater im Krieg verschollen ist. Dann zeigt sich, wie überragend wichtig es für das Lebensgefühl eines Menschen sein kann, seine biologische Herkunft, das Milieu, aus dem er stammt, und seine leiblichen Vorfahren zu kennen. Früher war es weitgehend dem Adel oder den Herrschergeschlechtern vorbehalten, mit Genugtuung auf ihre durch eine Ahnenreihe entstandene Identität blicken zu können, d.h. die Leistungen ihrer Ahnen auch zu einem Bestandteil der eigenen Identität zu machen. Mittlerweile gibt es das Bedürfnis, sich durch Familienforschung eigene Identitätsbestandteile zu verschaffen, auch in breiten Kreisen des Bürgertums. Der eigene Stammbaum verleiht auch Bürgern ein Gefühl der Genugtuung und liefert ihnen die Kraft, ein bürgerliches Leben zu führen. Haben sie einen berühmten Vorfahren, kann das bei ihnen einen Identitätsbestandteil stiften oder zur Selbstvergewisserung ihrer Identität beitragen.

Identität und speziell eine durch Vergewisserung bestärkte Identität verschafft uns das Gefühl, „orientiert" und auf dem richtigen Weg zu sein. Sie mobilisiert die Kraft, diesen Weg weiter zu beschreiten. Daher hat die Suche nach Vergewisserung ihrer Identität die Menschen schon seit eh und je umgetrieben und sie zu ganz merkwürdigen Mitteln greifen lassen! Von der Eingeweideschau der Etrusker, vom Vogelflug, von der Konstellation der Sterne im Moment der Geburt und von den Deutern der Handlinien haben Menschen eine Antwort erwartet, die sie ihrer Identität versicherte! Psychologen, Astrologen, Graphologen und noch viele andere Berufe verdanken bis heute ihre Existenz dem menschlichen Bedürfnis nach Selbstvergewisserung beziehungsweise Vergewisserung ihrer Identität.

Seine Identität verleiht einem Menschen die Kraft, die er braucht, um die in seiner Identität vorhandene Orientierung in Entscheidungen und in konkretes Handeln umsetzen zu können. Gelingt es uns nicht, Vergewisserung unserer Identität zu erlangen oder Zweifel an unserer Identität auszuräumen, entsteht manchmal eine kreative, manchmal aber auch eine krankhafte *Identitätskrise*. Darauf wird im dritten Kapitel zurückgekommen. Zuerst soll im Folgenden die Entstehung kollektiver beziehungsweise sozialpsychologischer Identität, deren Bedeutung und die Notwendigkeit ihrer Vergewisserung beschrieben werden.

Menschen sind Gemeinschaftswesen. Jeder Mensch ist gleichzeitig ein Angehöriger vieler verschiedener Kollektive. Eine Reihe von Kollektiven, zu denen er gehört, kann er sich nicht aussuchen, er wird in sie gewissermaßen hineingeboren. Als Erstes entsteht bei jedem von uns die kollektive Identität unserer Familie. Auch die kollektive Identität als Bürger einer Stadt oder einer Region oder eines staatlichen Gemeinwesens entsteht in der Regel durch Geburt.

Die meisten Kollektive, denen wir im Lauf unsres Lebens angehören, haben wir uns jedoch selber ausgewählt. Durch unseren Beruf entsteht unsere kollektive Identität eines Berufsstandes, wie z.B. diejenige eines Arztes oder eines Ingenieurs oder die eines Künstlers. Viele unserer kollektiven Identitäten entstehen aus unserem Wunsch nach Selbstverwirklichung. So werden wir beispielsweise Mitglied des Fanclubs eines Fußballvereins oder einer anderen Art eines Sportvereins oder eines Vereins mit einem politischen, sozialen oder religiösen Anliegen. Auch der amerikanische Ku-Klux-Klan, Verbrechersyndikate wie die Mafia, die Logen der Freimaurer oder das christliche Abendland des Mittelalters hatten oder haben ihre jeweils spezifische Kollektividentität.

Kollektive Identität entspricht dem Selbstbild, das einem Individuum, sich selbst einschließend, eine Antwort auf die Frage gibt: „Wer sind wir?" Genaugenommen ist kollektive Identität daher ein Bestandteil einer persönlichen Identität. Richtig verstanden kann man aber auch dann von kollektiver Identität sprechen, wenn sich aus den Selbstbildern der Kollektivangehörigen ein mehr oder weniger deckungsgleiches Bild ergibt. Ist dies der Fall, kann man auch von kollektiver Identität als Eigenschaft eines Kollektivs und gegebenenfalls auch von dessen *tragfähiger* Kollektividentität sprechen. Kollektive Identität wird oft als Zuschreibung benutzt. Um zutreffend zu sein, muss diese sich aus den Selbstbildern der zu ihm gehörenden Individuen zusammensetzen lassen. Diese Bedingung wird heute allerdings oft vernachlässigt. Identität wird vonseiten Dritter vielfach sogar Einrichtungen zugeschrieben, die im Grunde kein Kollektiv sind, wie z.B. Unternehmen.

Wie ein Individuum strebt auch jeder Zusammenschluss zu einem Kollektiv nach Sichselbstgleichheit. Auch für ein Kollektiv ist daher seine Identität eine *Lebenshilfe,* d.h. eine Voraussetzung für seinen Fortbestand. In jedem Fall bedarf auch kollektive Identität ihrer Vergewisserung. Wenn daher beispielsweise Menschen aus einem in ihren Identitäten verankerten humanitären Engagement sich zu einem Kollektiv zusammentun, um eine Einrichtung für Behinderte zu realisieren, dann brauchen sie auch Erfolg und Anerkennung. Überall, wo Menschen gemeinsam kulturelle, humanitäre, sportliche oder gesellschaftliche Ziele verfolgen, brauchen sie Vergewisserung ihrer Kollektividentität, um diese Quelle ihrer Kraft nicht versiegen zu lassen und ihr Kollektiv nicht untergehen zu lassen. Die Bürger eines demokratischen Staates benötigen Vergewisserung ihrer Identität, um sich die Kraft zu verschaffen, durch politisches Engagement, Beteiligung an demokratischen Wahlen oder auf andere Weise bei der Zukunftsbewältigung ihres Gemeinwesens einen Beitrag zu leisten. Weil es einst der Bürgerschaft Roms nicht mehr gelang, sich ihrer römischen Kollektividentität zu vergewissern, war der Untergang Roms als Weltmacht die unausweichliche Folge!

Nachdem gegen Ende des 18. Jahrhundert das neuzeitliche Selbstbild der „westlichen" Menschheit mit der amerikanischen Unabhängigkeitserklärung von 1776 und dem Sturm auf die Bastille 1789 seinen politischen Durchbruch erreicht hatte, konnte in der westlichen Welt die Epoche des demokratisch verfassten Nationalstaats beginnen und die von kollektiver Identität mobilisierbare Kraft zu großen kulturellen und vor allem auch materiellen Fortschritten führen.

Viele Menschen waren allerdings von den ihnen plötzlich offenstehenden Möglichkeiten überfordert und nahmen bei der Bildung ihrer kollektiven Identität Zuflucht zu ethnisch-rassischen Überzeugungen, überschätzten die eigenen Kräfte, waren bereit zu Krieg und Gewalt und verfielen der Hybris eines aggressiven Nationalismus. Die Vergewisserung ihrer kollektiven Identität war daher in ihren Anfängen mit Kriegen und viel Blutvergießen verbunden. Die moderne westliche Welt hätte aber wohl anders nicht entstehen können.

Geprägt von traumatischen Erfahrungen und aus der Besorgnis, dass kollektive Identität in Form eines engstirnigen Nationalismus die Menschen erneut ins Unglück stürzen kann, hat man vor allem in Europa nach den beiden Weltkriegen des vergangenen Jahrhunderts nach einem Ersatz für die in kollektiver nationaler Identität vorhandenen Kraft gesucht und gehofft, diesen Ersatz durch pragmatische Lösungen in Form von supranationalen Konstruktionen zu finden. Viele glaubten auf nationale Identität und deren Vergewisserung verzichten zu können.

Die Erfahrung zeigte allerdings sehr bald, dass supranationale Konstruktionen keinen Ersatz für stabile Staaten auf der Grundlage tragfähiger nationaler Identitäten bieten konnten. Staatliche Kollektive brauchen jedoch wie jedes Einzelindividuum die Gewissheit ihrer Sichselbstgleichheit, die ihnen nur durch den Besitz einer tragfähigen kollektiven Identität vermittelt werden kann. Daher suchte man jetzt nach einer neuen, von einem aggressiven Nationalismus befreiten Nationalidentität, bei der ethnische oder rassistische Bestandteile oder ein patriotisch aufbereitetes Geschichtsbewusstsein keine Rolle mehr spielen sollten.

Unterstützt wurde dieser, bisher allerdings im Wesentlichen auf den europäisch-westlichen Kulturraum beschränkte, Identitätswandel durch eine weltweit mögliche Mobilität und Kommunikation, ein neues ökologisches Bewusstsein und durch die enorme Zunahme der materiellen Lebensgrundlagen in der Neuzeit und die damit einhergehenden Veränderungen des Lebensstils mitsamt den daraus abgeleiteten Bedürfnissen. Die Nationalidentität, die den Herrschenden früher als ein Mittel zur unhinterfragbaren Inpflichtnahme der Staatsbürger gegolten hatte, wurde jetzt als eine Ressource, d.h. als ein geistiges Kapital im Besitz der Bürger, entdeckt und verwandelte sich in Europa und Ländern, die einem europäischen Kulturkreis zuzurechnen sind, zu einer Voraussetzung für die *Selbstverwirklichung* der Menschen. Der demokratische Staat wurde jetzt vor allem als Dienstleistungserbringer angesehen. Um diesem demokratischen Staat Stabilität und Dauerhaftigkeit zu verleihen, bedurfte es allerdings einer neubegründeten kollektiven nationalen Identität und eines neuen Stils nationaler Selbstvergewisserung.

Als einer der Ersten hat der französische Historiker *Pierre Nora* diese Notwendigkeit erkannt. Er wurde zu einer Art Vorreiter beziehungsweise Begründer dieses neuen Stils kollektiver Selbstvergewisserung und einer modernen Form der Lebenshilfe für den demokratischen Staat. Er hat, soweit es in seiner Macht als Wissenschaftler und Schriftsteller stand, entscheidend dazu beigetragen, das Bewusstsein für die Notwendigkeit moderner Identitätsbestandteile und neuer Vergewisserungsformen entstehen zu lassen. Unter seiner Führung entstand in den Jahren 1986–1992 ein siebenbändiges Sammelwerk mit dem Titel „Les lieux de mémoire“ (Erinnerungsorte). Während den Anstoß zu seinem Werk noch die ursprüngliche Sorge des Historikers *Nora* gab, das Wissen um das traditionelle historische Erbe Frankreichs könne in unserer schnelllebigen Zeit dem Vergessen anheimfallen und bedürfe daher der Neudarstellung, wurde ihm alsbald bewusst, dass ein Wachhalten von Erinnerung an historische Ereignisse nur gelingen kann, wenn diese auch als Bestandteil einer zeitgemäßen, modernen Nationalidentität wahrgenommen werden. Das machte es erforderlich, geschichtliche Ereignisse so in Erinnerung zu rufen, dass sich Menschen von diesen Ereignissen beeindrucken lassen und sich mit ihnen identifizieren. Statt zu versuchen, Identität durch eine patriotisch aufbereitete Geschichte oder durch Appelle an rassistische Instinkte zu stiften, sollte Identität durch Kennen und Verstehen der Geschichte machenden Ereignisse und ihrer Personen entstehen. Das, was *Pierre Nora* bei Zugrundelegung seiner ursprünglich historischen Perspektive metaphorisch als einen *Erinnerungsort* bezeichnete, kann man aus Sicht der Identitätsforschung als ein kollektives *Vergewisserungsobjekt* bezeichnen. Neben vielem anderen kann daher beispielsweise ein Gedicht von *Victor Hugo* oder der in Frankreich wachsende gute Wein ein Identität stiftender oder vergewissernder französischer Erinnerungsort sein.

Es soll jetzt ein knapper Überblick über die Tatsachen oder Geschehnisse gegeben werden, die insbesondere bei einem nationalen Kollektiv durch Identifikation und Aneignung zum Aufbau oder zur Vergewisserung der nationalen Identität seiner Bürger beitragen können. Eine gewisse Bedeutung dürfte dabei in der Regel den in der Zeit eines Nationalstaates eingetretenen geschichtlichen Ereignissen zukommen. Eine identitätsstiftende Rolle können auch Personen spielen, die nationale Geschichte gestaltet haben, wie z.B. ein *Napoleon Bonaparte* oder ein *Winston Churchill.* Auch Geschehnisse aus vor-nationalen Zeiten können noch immer identitätsstiftend sein. Die heutigen Nationalstaaten hatten ihre Kinderstube in vor-nationalstaatlicher Zeit. Manche Bestandteile ihrer kollektiven Identität wurden schon in grauer Vorzeit gestiftet.

Da schulischer Geschichtsunterricht heute eher an wissenschaftlichen Kriterien orientiert ist oder sein sollte, dient er nicht mehr primär nationaler Identitätsstiftung. Stiftung und Vergewisserung von geschichtlichen Identitätsbestandteilen findet heute daher vor allem „im Leben" statt, wie z.B. durch die Lektüre von Memoiren, Biographien historischer Gestalten, ihrer Korrespondenz und von Nacherzählungen historischen Geschehens, schließlich durch die Teilnahme an Veranstaltungen zum Gedenken an besondere historische Ereignisse, durch den Besuch von Denkmälern oder von geschichtsträchtigen Orten.

Für die Stiftung von nationaler und darüber hinaus auch kultureller Identität ist nach wie vor die *Sprache,* mit der wir seit frühester Jugend vertraut gemacht werden, von erstrangiger Bedeutung. Wer seine Muttersprache spricht, identifiziert sich in der Regel mit dem Land, in dem diese Sprache gesprochen wird. In manchen Ländern, wie z.B. in Frankreich, ist sogar die Reinheit der historisch gewachsenen Sprache ein zentraler Baustein der nationalen Identität. Wo mehrere Länder dieselbe Umgangssprache haben, wie beispielsweise England mit seinen ehemaligen Kolonien oder Deutschland mit einigen Nachbarländern, vergewissern sich die Menschen ihrer nationalen Identität durch unterscheidende Betonungen bei der Aussprache.

Vor allem durch ihren mündlichen Gebrauch dient Sprache der Vergewisserung der Teilhabe an der Identität eines in irgendeiner

Weise abgegrenzten Kollektivs. Durch den Gebrauch des Slangs oder des Cockney vergewissert sich beispielsweise ein Amerikaner oder ein Londoner der Zugehörigkeit zu einem bestimmten Teil seines nationalen Kollektivs. Die schweizerischen Dialekte dienen vor allem dem Zweck, die Zugehörigkeit zu einem ganz bestimmten lokal abgegrenzten Kollektiv zu signalisieren. Analog dazu vergewissern sich Jugendliche oft durch eine salop-pe Sondersprache ihrer Gruppenzugehörigkeit. Auch manche Berufsgruppen wollen sich z.B. durch den Gebrauch spezieller Fachausdrücke identitätsmäßig vom Rest der Bevölkerung unterscheiden. Vergewisserung mittels der Sprache geschieht auch oft über den versteckten Gebrauch von Ausdrücken, die einen Hinweis geben, zu welcher Bildungsschicht man gehört.

Eine herausragende Rolle im Hinblick auf Stiftung und Vergewisserung nationaler Identität spielte und spielt die *Literatur*. Man kann die Literatur eines Landes, seine Prosa ebenso wie seine Lyrik, als dessen geistige Repräsentation ansehen. Vor allem in der klassischen Literatur eines Landes ist oft ein in der Vorstellungswelt von Philosophen oder Schriftstellern entstandenes Menschenbild aufbewahrt, mit dem sich ein Leser identifizieren und das er als Identitätsbestandteil sich zu eigen machen kann. Die Literatur kann aber nicht nur der Stiftung und Vergewisserung einer nationalen, sondern auch einer menschheitsbezogenen Identität dienen.

Auch die in neuerer Zeit entstandene *Literatur* spielt eine nicht unbedeutende Rolle bei der Stiftung und Vergewisserung von kollektiver Identität. In den literarisch dargestellten Lebensläufen von Romanfiguren spiegelt sich oft das im Verlauf der Geschichte eines Landes entstandene kollektive Selbstbild: Im Don Quijote von *Cervantes* spiegelt sich ein Stück weit spanische Identität, in *Daniel Defoes* Robinson Crusoe englische Identität und im Simplicissimus oder im Faust deutsche Identität. Der Leser dieser Literatur kann in ihr sein Selbstbild verwirklicht sehen, dieses als bestätigt empfinden und sich mit den dargestellten Personen identifizieren.

Die durch Lesen oder, im Fall von Theaterstücken oder Filmen, durch Sehen erfolgende geistige Aufnahme von Literatur und ihre Aneignung kann vor allem bei dem zur Elite gehörenden Teil des staatlichen Kollektivs zur Bildung von Identitätsbestandteilen oder zur Vergewisserung ihrer Kollektividentität führen. Durch volkstümlich verfasste Literatur, wie insbesondere durch das Märchen, kommen auch breitere Kreise der Bevölkerung in Berührung mit den geistigen Bestandteilen ihres Kollektivs. Das ermöglicht auch ihnen die Bildung und Vergewisserung von nationaler Kollektividentität. Beeindruckend und von Bedeutung für die Stiftung von nationaler Identität können natürlich auch die Lebensläufe berühmter Schriftsteller eines Landes sein, wie beispielsweise im Fall Deutschlands die von *Johann Wolfgang Goethe* oder *Rainer Maria Rilke*, um nur einige zu nennen.

Nicht weniger als Literatur können auch Werke der bildenden Kunst wie insbesondere die Kunst der Bildhauerei oder der Malerei eines Landes Identität stiftend oder Identität vergewissernd sein. Werke der bildenden Kunst können Seelenlandschaften und in der Volksseele Verborgenes zum Ausdruck bringen und als Charakteristika eines regionalen oder nationalen Kollektivs angesehen werden. Das ist beispielsweise der Fall bei den Bildern des amerikanischen Malers *Edward Hopper* oder den Werken des deutschen Expressionismus oder denen des französischen Impressionismus. Unabhängig von ihrer künstlerischen Qualität kann sich ein Betrachter solcher Werke der bildenden Kunst auch mit dem Land ihrer Entstehung identifizieren.

Auch *Musikwerke* und vor allem diejenigen großer Komponisten klassischer Musik, wie beispielsweise *Johann Sebastian Bachs, Wolfgang Amadeus Mozarts, Ludwig van Beethovens* oder *Richard Wagners,* können Stifter oder Vergewisserer von nationaler Identität sein. Die meisten Werke der klassischen europäischen Musik und auch der größte Teil der Unterhaltungsmusik sind heute allerdings Teil einer den nationalen Rahmen überschreitenden Kultur geworden. Indem wir sie ausüben, singen oder genießen, vergewissern wir uns daher der Teilhabe an einer völkerübergreifenden Kollektividentität. Gleichwohl kann sich beim Ausüben oder Hören von Musik auch Vergewisserung einer nationalen oder regionalen Identität einstellen. Das folgt aus dem höchst unterschiedlichen Charakter, den Musik besitzen und dessen, was sie zum Ausdruck bringen kann. Volksmusik beispielsweise kann Bestandteil sowohl einer nationalen als auch einer regionalen Kultur sein. Durch ihr Mitsingen oder Ausüben kann daher auch regionale oder lokale Identität gestärkt werden. Identität stiftende beziehungsweise vergewissernde Wirkung besitzen neben Nationalopern natürlich in erster Linie Nationalhymnen. Ihr Abspielen oder Mitsingen bei öffentlichen Anlässen soll der Vergewisserung von Nationalidentität dienen. Ob das immer der Fall ist, kann natürlich dahingestellt bleiben.

Die *Landschaft* sowie deren *Fauna* und *Flora* können ebenfalls Identitätsbestandteile bilden. Die Landschaft hat daher typischerweise in Ländern mit einer noch stark ortsgebundenen Bevölkerung einen festen Platz in einer nationalen Identität. Die Unentbehrlichkeit von Landschaft als Raum für die Behausung und ihre Rolle als Bereitstellerin von Nahrung konnten ihr fast überall in der Welt einen hohen Rang als kollektiver Identitätsbestandteil sichern. Heute ist es oft nur noch die Erinnerung an diese Ortsgebundenheit der Vorfahren, die einer nachfolgenden Generation als Identitätsbestandteil weitergegeben wird. Wahrscheinlich kommt in der Identifikation mit einer Landschaft auch noch ein instinktmäßiges Residuum einer früher einmal vorhandenen Biotopgebundenheit zum Ausdruck. Als symbolische Stütze für die Verbundenheit mit einem Territorium wurde vielfach ein Charakteristikum dieses Territoriums im nationalen Wappen abgebildet, so beispielsweise die Zeder des Libanon, das Ahornblatt Kanadas oder das Känguru der Australier.

Auch Bauwerke können Identitätsbestandteile eines Kollektivs sein. Ihre Ortsgebundenheit macht sie zu Zeugen beziehungsweise zu unbezweifelbaren geistigen Erbstücken eines Kollektivs. Durch den Besuch und das Kennenlernen *historischer Bauwerke,* wie beispielsweise von Schlössern oder Burgen, kann daher ebenfalls kollektive Identität gestärkt werden. Analoges trifft auch zu bei modernen Bauwerken. Man hat manche Bauwerke daher auch als *gebaute Identität* bezeichnet.

Kirchen und *Kathedralen* sind vielfach nicht nur wegen ihres religiösen Zweckes, sondern vor allem als ein identitätsstiftender Bestandteil städtischer Kollektive errichtet worden. Gewisse Bauwerke, die aus heutiger Sicht die Rolle eines nationalen Identitätsstifters spielen, sind erst im Lauf der Zeit in eine solche Rolle hineingewachsen. So war z.B. das 1791 eröffnete Brandenburger Tor ursprünglich als Stadttor eine Zolleinnahmestelle, der Eiffelturm war das Markenzeichen einer Weltausstellung, die chinesische Mauer eine Verteidigungsanlage gegen die Mongolen und die ägyptischen Pyramiden waren Grabstätten der Pharaonen. Diese Bauwerke können als Zeugnisse historischer Zusammenhänge zur Stärkung der Identität von Angehörigen desjenigen Kollektivs beitragen, das heute als ihr geistiger Besitzer angesehen werden kann.

Auch ein *Stadtbild,* eine *Altstadt,* ein *historischer Stadtkern* oder eine besondere *Stadtanlage* kann zur Stiftung und Identitätsvergewisserung ihrer Bürger beitragen. Für viele Franzosen ist das Stadtbild von Paris und die Vita des großen Gestalters dieses Stadtbilds, des Barons *Haussmann,* Bestandteil ihrer nationalen Identität. Das kostspielige Bemühen um die Rettung von Venedig vor dem Versinken im Meer oder die originalgetreue Wiedererrichtung der Dresdner Frauenkirche zeigen, dass man neuerdings die große Bedeutung von historischen Stadtbildern oder Bauwerken als Objekte der Vergewisserung von kollektiver Identität erkannt hat und man daher ihr Verschwinden verhindern möchte.

Eine bedeutende Rolle für die Stiftung von nationaler Identität und für die kollektive Selbstvergewisserung einer Nation spielen heute *Sportarten* wie Fußball, Tennis, Leichtathletik und manchmal sogar ausgefallene Sportarten, wie beispielsweise Cricket in Indien oder in Pakistan. Sportliche Leistungsfähigkeit wird als wichtiger Bestandteil der Identität heutiger Gesellschaften angesehen. Schon die vom sogenannten Turnvater *Friedrich Ludwig Jahn* (1778–1852) begründete Turnbewegung war von diesem bewusst als ein identitätsstiftender Beitrag für die deutsche Nation erdacht und propagiert worden. Sport steht heute im Dienst kollektiver nationaler Identitätsbildung und Selbstvergewisserung. Dementsprechend wird der Sport überall hoch subventioniert. Seit der Wiederaufnahme der antiken Festspiele von Olympia auf Initiative des französischen Pädagogen und Historikers *Pierre de Coubertin* (1863–1937) wird der nationale Erfolg bei den olympischen Sportwettkämpfen überall als wichtig für die nationale Identitätsvergewisserung empfunden. Dass dies trotz einer beklagenswerten Professionalisierung und Kommerzialisierung sowie anderer unerfreulicher Erscheinungen bisher so geblieben ist, verweist auf die Stärke des Bedürfnisses nach kollektiver Identitätsvergewisserung durch den Sport.

Von nicht zu unterschätzender Bedeutung für die Stiftung der nationalen Identität moderner Gesellschaften sind auch die Leistungen herausragender Persönlichkeiten ihres Landes, sei es auf dem Gebiet der Naturkunde, der Wissenschaft, der Technik oder des Unternehmertums. *Christoph Columbus* als Entdecker Amerikas, *James Watt*, der Erfinder der Dampfmaschine, der Naturforscher *Charles Robert Darwin* oder der Pionier der Schwerindustrie, *Alfred Krupp*, wurden für viele Menschen zu Stiftern nationaler Identitätsbestandteile oder zu Herstellern von Identitätsvergewisserung.

Neben dem Sport spielt heute vor allem auch die *volkswirtschaftliche Leistungsfähigkeit* eines Staates eine wichtige Rolle bei der Stiftung und Vergewisserung nationaler Identität. Diese Leistungsfähigkeit, die ihren Niederschlag in der Höhe des Lebensstandards, im Umfang des Konsums, in der Sicherheit von Arbeitsplätzen, in einem zufriedenstellenden Gesundheits- und Bildungssystem, einer intakten öffentlichen Infrastruktur und vielem anderen mehr findet, wird von breiten Kreisen der Bevölkerung wahrgenommen und hat Auswirkungen auf die Vergewisserung oder Verunsicherung ihrer Identität. Eine Bevölkerung kann sich in ihrem Selbstgefühl auch durch das Ansehen der eigenen Währung bestätigt fühlen. So vergewisserte beispielsweise der Erfolg der D-Mark und der wirtschaftliche Wiederaufbau die Deutschen nach zwei verlorenen Weltkriegen eines Identitätsbestandteils „wirtschaftlich tüchtig zu sein" und in der Welt wieder Geltung zu besitzen. Das verlieh wiederum die Kraft, einen dieser Identität entsprechenden Wiederaufbau des Landes zustande zu bringen. Umgekehrt können Defizite bei der Infrastruktur oder Schwächen der eigenen Währung zur Verunsicherung einer nationalen Identitätsgewissheit führen.

Unverzichtbar für die Selbstvergewisserung eines Kollektivs sind *Symbole*. Durch sie wird an die Identität eines Gemeinwesens in prägnanter Kürze und mit unbegrenzter Häufigkeit erinnert. Herausragende Beispiele sind das Kreuz als Symbol der Gemeinschaft der Christen, der Davidstern als Symbol des Judentums, der Halbmond als Symbol des Islam. Analoges galt für Hammer und Sichel als Symbol kommunistischer Staaten. Viele Staaten, Städte oder Regionen haben als Symbol ihrer Stärke neben dem Adler einen Bären oder einen Löwen zu ihrem Symbol erkoren.

Zu dem am weitesten verbreiteten Symbol eines nationalen Kollektivs ist im Lauf der Zeit neben dem Wappen die *Fahne* geworden. Als Feldzeichen diente ein Stück Tuch schon im römischen Heer als ein im Getümmel sichtbares Orientierungs- oder Sammelzeichen einer kämpfenden Truppe. Ausgehend von diesem praktischen Zweck, entwickelte sich die Fahne zu einem Symbol der Zusammengehörigkeit nicht nur eines ursprünglich militärischen Verbands, sondern auch ziviler politischer Gemeinschaften.

Ein Beispiel für die herausragende Rolle, die einer nationalen Flagge zum Zweck der Vergewisserung von Identität zugeschrieben werden kann, liefern die USA. In jedem amerikanischen Klassenzimmer hängen hinter dem Pult des Lehrers die „Stars & Stripes", und die Klasse spricht allmorgendlich im Chor: „Ich gelobe der Flagge der Vereinigten Staaten von Amerika meine Treue und auch der Republik, die sie verkörpert, eine Nation unter Gott, unbesiegbar, mit Freiheit und Gerechtigkeit für jedermann" (Diesen Vers, Ausdruck des sog. American Credo, der amerikanischen Weltanschauung, spricht jeder junge Amerikaner angeblich mehr als dreihundertmal im Jahr).

Auch durch Brauchtum oder Pflege von Folklore vergewissern sich Menschen ihrer Identität. Das geschieht z.B. durch das Tragen einer regionalen Tracht, wie es in manchen Teilen der Welt noch verbreitet ist. Vor allem aber bieten Rituale mit ihren an überlieferten Mustern orientierten Handlungsabläufen den aktiv oder passiv an ihnen Beteiligten eine Gelegenheit zur Vergewisserung ihrer Identität. So versichert sich durch tiefes Sichverbeugen bei einer Begrüßung ein Japaner seines Japanertums oder bestätigt sich durch die Hand über dem Herzen beim Absingen der Nationalhymne für einen Amerikaner sein Amerikanersein. Rituale sind an vielen Stellen des menschlichen Lebensablaufs „eingebaut", angefangen bei Ritualen der Initiation beim Beginn des Erwachsenenlebens bis hin zu den Ritualen am Schluss des menschlichen Lebens. Rituale ermöglichen auch einem staatlichen Kollektiv Vergewisserung seiner Identität. Auch stilistische Besonderheiten wie z.B. Tätowierungen bieten den Angehörigen eines Kollektivs Möglichkeiten zur Vergewisserung ihrer kollektiven Identität. Kleinste Eigentümlichkeiten können zur Abgrenzung der eigenen von einer anderen Kollektividentität dienen.

Von nicht zu überschätzender Bedeutung für die Stiftung und Vergewisserung der Identität eines Einzelnen oder eines Kollektivs können schließlich auch *Mythen* sein. Ein Mythos verbindet die Angehörigen eines Kollektivs mit einem in der Vergangenheit liegenden entweder tatsächlichen oder glaubhaft erfundenen Geschehen. Menschen vermögen im Spiegel des mythischen Geschehens einen als wesentlich empfundenen Teil ihres Selbst zu erkennen. Den Völkern früherer Zeiten vermittelte der Mythos einer Götterwelt den Kern ihres Selbstverständnisses. Aber auch im 21. Jahrhundert kann beispielsweise der Glaube der *Maori* Neuseelands, eine Gottheit, die als Stern am Himmel der Südhalbkugel zu sehen ist, sei die Gründerin ihres Volkes gewesen, noch immer einen Kernbestand ihrer kollektiven Identität bestätigen.

Die „Arbeit am Mythos", seine Ausschmückung und seine immer wieder erneute Vergegenwärtigung, sei sie spielerisch oder aus tiefer Überzeugung motiviert, liefert einem Kollektiv kollektivspezifische Vorbilder. Die Griechen der Antike wussten um diese Bewandtnis, daher haben sie an ihre mythische Götterwelt mit unzähligen Statuen erinnert, haben ihren Göttern zahllose Tempel geweiht und vielerlei Rituale zu Ehren der Götter erfunden. Ein Mythos kann durch immer erneutes Weitererzählen und durch Versinnbildlichung mittels Denkmälern oder zu Denkmälern erklärten Orten als Identität bestätigend über Jahrhunderte hinweg lebensorientierend sein.

Zwar haben Aufklärung und Wissenschaft die Bedeutung von Mythen als Begründer von kollektiver Identität nur widerwillig, wenn überhaupt zur Kenntnis nehmen wollen, gleichwohl kann im Unterbewusstsein vieler Menschen auch eines demokratischen Nationalstaats ein Mythos immer noch eine erhebliche Rolle spielen. Auch wenn moderne Staaten einen Mythos nicht mehr offiziell als Ausdruck einer Staatsdoktrin betrachten, verdankt der Mythos seine fortdauernde Wirkungsmacht einem wohl ursprünglich instinktveranlagten menschlichen Bedürfnis nach Eingebundenheit in ein Kollektiv, das Geborgenheit verspricht und dem Leben Sinnhaftigkeit vermitteln kann. Die Überzeugung eines Kollektivs, zur Hüterin bestimmter Werte berufen zu sein, oder in der Gunst der Auserwähltheit zu stehen, kann auch heute noch der Identitätsvergewisserung dienen.

Die besondere Bedeutung eines Mythos für die Stiftung und Vergewisserung kollektiver Identität besteht wohl in der auf Ganzheitlichkeit eines Kollektivs ausgerichteten Wirkung dieses Phänomens. Als eine weltliche Alternative zur Religion kann daher auch ein Mythos einem Kollektiv umweglos als Stifter oder als Bestärker seiner Identität dienen. Seine Wirkung ist nicht an gewisse Voraussetzungen gebunden, wie dies bei manchen der im vorangegangenen dargestellten Erinnerungsorten der Fall ist: Die Teilhabe an den geistigen Gütern eines Nationalstaats wie z.B. an seiner klassischen Literatur ist an gewisse bildungsmäßige Voraussetzungen gebunden und ermöglicht daher nur einem eingeschränkten Bevölkerungskreis die Stiftung von Identität oder deren Vergewisserung. Mittels Teilhabe an einem Mythos können sich jedoch alle Schichten einer Bevölkerung ihrer kollektiven Identität vergewissern.

Aus welchen Bestandteilen kollektive Identität sich bei den einzelnen Angehörigen des Kollektivs auch immer zusammensetzt, sie führt bei diesen Angehörigen normalerweise zu dem Wunsch, dieses Kollektiv möge ihm oder ihr erhalten bleiben. Darüber hinaus führt es in der Regel oder zumindest in den meisten Fällen auch zu der Bereitschaft oder dem Willen, einen eigenen Beitrag für dessen Fortbestand zu leisten. Handelt es sich bei dem in Betracht zu ziehenden Kollektiv um das einen Nationalstaat bildende Kollektiv, dann wird kollektive nationale Identität zu einer wenn auch nicht hinreichenden, so doch notwendigen Voraussetzung nicht nur für den längerfristigen Fortbestand dieses Staates, sondern mehr noch dafür, diesen als eine vor allem auch dem wirtschaftlichen Wohlergehen der Menschen dienende Einrichtung zu erhalten.

Politiker demokratischer Staaten haben viele Möglichkeiten, zur Vergewisserung der kollektiven Identität ihres Gemeinwesens beizutragen. Man kann es geradezu als die wichtigste Aufgabe eines demokratisch gewählten Politikers bezeichnen, zur Selbstvergewisserung der Identität seines Gemeinwesens beizutragen. Das sollte durch seine Tätigkeit im Rahmen des ihm übertragenen Mandats geschehen, zu der unter anderem auch das öffentliche Auftreten, die öffentliche Rede oder die Vergabe von Ehrungen oder Verdienstorden gehört. Nicht zuletzt diese ihnen zukommende Rolle erschwert es Politikern, von ihnen begangene Fehler einzugestehen.

Schon in vordemokratischer Zeit haben sich Landesfürsten um Vergewisserung von Identitäten der Bevölkerung ihres Landes gekümmert. Primär ging es natürlich um Stiftung und Vergewisserung ihrer eigenen Identität oder derjenigen ihrer Dynastie. Oft geschah das auf militärische Weise oder durch erfolgversprechende Heiratspolitik. Weitsichtige Landesherrscher haben aber auch das Ziel der Vergewisserung der Identität der Menschen ihres Territoriums im Auge gehabt. So ist beispielsweise in Frankreich die Aufgabe der Erhaltung der Reinheit der französischen Sprache und damit eines wesentlichen Bestandteils der französischen Identität vom damaligen König der bereits im 17. Jahrhundert gegründeten Académie Française, d.h. ihren 40 sogenannten Unsterblichen, übertragen worden. Auch wurde durch die Gründung von Universitäten, durch die Einrichtung von Wohltätigkeitsinstitutionen wie z.B. durch die Reichsgrafen der *Fugger*, durch Feiertage anlässlich der Geburt eines Thronfolgers, durch eindrucksvolle Schlossbauten oder auf andere Weise versucht, zur Bewahrung wünschenswerter – früher territorialstaatlicher – Identitätsbestandteile beizutragen.

Zentrale Bestandteile kollektiver Identitäten zeichnen sich vielfach durch Langlebigkeit aus. Kollektive Identitäten vorangegangener Generationen finden oft in Identitäten vergleichbarer Art bei den nachfolgenden Generationen ihre Fortsetzung. Dieser Vorgang erfolgt meistens dadurch, dass die nachwachsenden Generationen im Rahmen ihres Hineinwachsens in ihr Kollektiv sich die dort bereits vorhandenen Identitätsbestandteile unbewusst zu eigen machen. Die Nachfolgegenerationen „übernehmen" auf diese Weise die kollektiven Identitäten der vorangegangenen Generationen. Kollektive vergewissern sich so ihrer Sichselbstgleichheit über die Zeit hinweg. Auch gewisse grundlegende kollektive Identitätsbestandteile, die schon lange vor dem Entstehen moderner Nationalstaaten gestiftet wurden, sind daher oft auch heute noch vorhanden. In den Kapiteln fünf und sechs werden Beispiele für immer wieder bestätigte Kollektividentitäten beschrieben, die über viele Jahrhunderte hinweg für das Schicksal ihrer staatlichen Kollektive von ausschlaggebender Bedeutung waren. Die Zeiträume für das Entstehen oder das Fortbestehen von kollektiver Identität bemessen sich vielfach nicht nach Jahren, sondern nach Generationen.

2

Identität als Ergebnis der Evolution

Der Mensch als Mängelwesen und andere Besonderheiten des Menschen –Selbstempfindung eigener Unvollkommenheit seitens des Menschen – Totemismus als kollektives Mittel der Überwindung von Unvollkommenheit – Befähigung des Menschen, zu sich selber Abstand zu nehmen – Exzentrische Positionalität als Unterscheidungskriterium von Mensch und Tier – Aus Instinkten hervorgegangene Identität – Das Geheimnis der Identität: Identität als Lebenshilfe – Erkennen menschlicher Sterblichkeit

Bevor auf wissenschaftliche Weise versucht wurde, dem Geheimnis menschlicher Identität auf die Spur zu kommen, haben neben Theologen vor allem Philosophen und Schriftsteller Antworten auf Fragen nach dem spezifisch Menschlichen gesucht. Es war naheliegend, diese Suche mit der Frage nach dem Unterschied des Menschen vom Tier zu beginnen. Eine diesbezüglich klassisch gewordene Antwort stammt von dem Schriftsteller, Philosophen und Theologen *Johann Gottfried Herder* (1744–1803). Er hat den Menschen im Vergleich zum Tier als ein *Mängelwesen* bezeichnet. Als Mängel angesehen hat er nicht nur die organische Unspezialisiertheit des Menschen, d.h. seine fehlende Ausstattung mit körperlichen Organen für Angriffszwecke oder für die Jagd auf Beute, für die Flucht vor Feinden oder für den Schutz vor den überall lauernden Gefahren der Natur, sondern daneben auch seine zwar nicht völlig fehlende, jedoch reduzierte Instinktausstattung.[2]

Eine andere Möglichkeit für die Unterscheidung des Menschen vom Tier bestand darin, den Menschen als das einzige Lebewesen anzusehen, das in seiner Existenz nicht wie typischerweise das Tier auf ein bestimmtes Biotop als seinen Lebensraum fixiert beziehungsweise angewiesen ist. Das Fehlen der *Fesselung an ein bestimmtes Biotop* betrachteten viele Schriftsteller als das entscheidende Kriterium zur Unterscheidung von Mensch und Tier. Die Befreiung des Menschen von der Bindung an ein bestimmtes Biotop wurde als die *„Weltoffenheit"* des Menschen bezeichnet: Diese bedeute neben Nichtabhängigkeit von einem bestimmten Biotop Lebensfähigkeit überall auf der Erde, am Pol und unter dem Äquator, auf dem Wasser und auf dem Lande, in Wald, Sumpf, Gebirge und Steppe. Der Mensch sei dort lebensfähig, wo er eine für ihn geeignete Umwelt finden könne oder wo er eine vorgefundene Umwelt für seine Zwecke umgestalten könne.

Von *Friedrich Nietzsche* (1844–1900) schließlich stammte die Formel vom Menschen als dem noch nicht festgestellten, also gewissermaßen noch unfertigen Tier, d.h. „nicht auf einen bestimmten Vollzug seines Lebens festgelegten Wesen"[3]. Daher gehöre für den Menschen Selbstzucht und Züchtung für sein „In Form kommen" und „in Form bleiben" zu seinen Existenzbedingungen.[4]

Als dann versucht wurde, dem Spezifischen der menschlichen Natur mit wissenschaftlichen Methoden auf die Spur zu kommen, nahm man die Stammesgeschichte des Menschen ins Visier. Diese nahm ihren Anfang vor mehreren Millionen Jahren, als Menschen und Menschenaffen sich aus ihrem gemeinsamen Vorfahren herauszuentwickeln begannen. Durch Ausgrabungen, aus der Analyse von Knochenfunden und durch Entschlüsselung des Erbguts hat man inzwischen zwar einiges über die geographische Herkunft des Menschen und über die Wege sei-

2 siehe hierzu *Gehlen,* Der Mensch, Teilband 2, S. 763 ff.

3 zitiert nach *Gehlen,* Der Mensch, S. 763ff.

4 siehe hierzu ebenfalls *Gehlen,* Der Mensch, S. 763ff.

ner Ausbreitung auf verschiedene Kontinente herausgefunden, doch bleibt unser heutiges Wissen im Wesentlichen immer noch auf die Gewissheit beschränkt, dass der Mensch *tierische Vorläufer* gehabt haben muss. Alles, was wir über die einzelnen Entwicklungsstadien im Lauf der Evolution zu wissen glauben, müssen wir aus plausiblen Annahmen ableiten, wie sie sich aus naturwissenschaftlichen Beobachtungen biologischer Prozesse ergeben. Die von *Charles Robert Darwin* (1809–1882) beschriebene Entstehung der Arten kann bei der Evolution des menschlichen Lebewesens im Prinzip nicht viel anders abgelaufen sein als in allen anderen Fällen. Nur was unter den jeweils herrschenden Umweltbedingungen für das Überleben einer Art von Vorteil war, hatte Bestand.

Man kann sich die Entstehung der organischen Konstitution des Menschen etwa folgendermaßen vorstellen: Das vormenschliche Lebewesen, aus dem sich im Verlauf der Evolution die Organe des Menschen entwickelten, konnte vielleicht ein körperlich kleiner Höhlenbewohner gewesen sein, vielleicht ein zwergenhaftes Lebewesen, das sich in schützende Räume zurückziehen konnte. Vielleicht haben die vormenschlichen Lebewesen auf einer von gefährlichen Feinden freien Insel gelebt und sich dort für ein solches Biotop spezialisieren können, so wie wir es z.B. im Fall Madagaskar für eine Reihe von Tierarten kennen. Die Organe des sich zum Menschen entwickelnden Lebewesens konnten im Hinblick auf Angriff daher unspezialisiert bleiben, weil sie für diese Zwecke nicht benötigt wurden. Es entwickelten sich keine Angriffs- oder Verteidigungsorgane, wie Hörner oder Hufe oder ein vorgeschobenes Gebiss mit zu Reißzähnen ausgebildeten Eckzähnen.

Vielleicht haben Veränderungen seines ursprünglichen, Schutz bietenden Biotops beim Vorläuferlebewesen des Menschen irgendwann einmal seinen aufrechten Gang entstehen lassen, weil das vorteilhaft war für eine bessere Übersicht über das Gelände mit den dort befindlichen Feinden und weil es aus vielerlei Gründen nützlich war, nicht alle vier Extremitäten für die Fortbewegung einsetzen zu müssen, sondern zwei davon für das Tragen von Lasten zur Verfügung zu haben. Auch die extrem lange Phase von der Geburt bis zum Erwachsensein, d.h. die Langsamkeit des Wachstums bis zur Geschlechtsreife (die sog. Retardation), muss sich irgendwann einmal entwickelt haben, weil dies nützlich war. Andere menschliche Eigenschaften, wie z.B. die Stellung der menschlichen Hand, haben sich aus Organen, die sein Vorläuferlebewesen besessen hat, weiterentwickelt, um den Menschen zur Herstellung von rudimentären Werkzeugen oder von einfacher Kleidung zu befähigen.

Man kann davon ausgehen, dass die sich zum Menschen entwickelnden Lebewesen von dem Lebewesen, aus dem sie hervorgegangen sind, die instinktgebundene Lebensform des *Gruppendaseins* übernommen haben. Stets von mächtigen Tieren bedroht, dürften diese organisch eher wehrlosen Lebewesen wohl nur als Klan, Sippe oder eben im Verband einer Horde überlebensfähig gewesen sein. Dieses existentielle Bedrohtsein dürfte während einer langen Periode eine die Lebensform des (frühmenschlichen) Kollektivs bestimmende Tatsache gewesen sein.

In seinem Hauptwerk „Der Mensch. Seine Natur und seine Stellung in der Welt" hat der Anthropologe, Soziologe und Philosoph *Arnold Gehlen* (1904–1976) unterstellt, dass die Menschen stets unter einem starken *Formierungsdruck* gestanden haben, hervorgerufen durch ihre von ihnen als schwach empfundene organische Konstitution. Der Mensch sei nicht nur objektiv gesehen ein riskiertes Lebewesen, er habe auch ein Gefühl seiner *Riskiertheit* als einer *Belastung* gehabt. Daher unterstellt *Gehlen* ein menschliches Bedürfnis des sich Identifizierens mit einem „Mehr an Formhöhe", mit „höherer Qualität oder Quantität", was auch immer im Einzelnen darunter verstanden werden kann. Im scheinbar „vollkommenen" Tier (im Bären, im Adler, im Löwen, im Stier etc.) habe der Mensch mit Bewunderung ein solches Mehr an Formhöhe wahrgenommen und durch Identifizierung mit diesem sein Bedürfnis nach Schutz befriedigt. *Nietzsche* habe, so glaubte *Gehlen*, ahnungsvoll dieses daraus abgeleitete menschliche Bedürfnis mit seinen Formeln vom „Übermenschen" oder vom „Willen zur Macht" zum Ausdruck bringen wollen, wenn er auch missverständlich von Züchtung des Menschen sprach. Durch eine Art magischer Anverwandlung an Tiervorbilder haben die Menschen versucht, sich Macht über die Natur zu verschaffen. Im *Totemismus* haben in allen Kulturen die Menschen eine solche Phase des sich kollektiv Anverwandelns im Tanz oder in der Trance durchlaufen.[5]

Irgendwann einmal musste aber die menschliche Eigenschaft entstanden sein, zu sich selbst Abstand nehmen und sich selbst als Individuum erkennen zu können. Vor allem dem Mitbegründer der philosophischen Anthropologie *Helmuth Plessner* (1892–1985) verdanken wir diese Einsicht.[6] *Plessner* hat in seinem Hauptwerk „Die Stufen des Organischen und der Mensch" die Fähigkeit zur Einnahme eines „außer sich" liegenden Standpunkts als *exzentrische Positionalität* bezeichnet. Man kann diese Situation mit einem *archimedischen Punkt* vergleichen, von dem aus es einem Menschen ermöglicht wird, sein eigenes Selbst zwecks Besichtigung vor die eigenen inneren Augen zu rücken. Der Mensch konnte sich jetzt selber wie vom Standpunkt eines anderen betrachten. Er konnte den Film seines Lebens vor seinem inneren Auge vorbeiziehen lassen, konnte ihn an jeder beliebigen Stelle anhalten und – je nachdem, wie gut das Gedächtnis mitspielte – sich eine vergangene Szene wieder vor Augen führen. Er konnte *sein eigenes Erleben erleben*. Er konnte insbesondere auch erkennen, welcher Lebensraum für ihn in Betracht kam und welche Fähigkeiten er sich aneignen musste, um dort überleben zu können.

Der Mediziner *Ernst Pöppel* hat die von *Helmut Plessner* konstatierte menschliche Besonderheit der Selbstbeobachtung, d.h. die Fähigkeit des Menschen zur Einnahme eines exzentrischen Standpunkts, durch wissenschaftliche Erkenntnisse hinsichtlich der zugrundeliegenden *hirnspezifischen Prozessabläufe* unterlegt. Demnach ist unser Gehirn sogar imstande, uns selbst in unsere Bilder der Vergangenheit hineinzukomponieren, so dass wir uns als Betrachtende selber betrachten können. Diese Bilder reflektie-

5 *Gehlen*, Der Mensch, S. 468ff.

6 *Plessner*, Stufen des Organischen, S. 360ff.

ren die Wirklichkeit unseres individuellen Erlebens und bestimmen unsere Identität.

Helmuth Plessner hat das Merkmal des *Außersichstehens*, d.h. die Exzentrizität, die sich beim Kind an der Schwelle zum Erwachsenensein, d.h. in der Zeit der Pubertät, ausformt, als das entscheidende Kriterium angesehen, durch das sich das Lebewesen Mensch von allen anderen Lebewesen unterscheiden lässt. Diese Exzentrizität wurde zur grundlegenden Bedeutung für das Menschsein: Der Mensch, der sich in seinem Inneren als ein Individuum erkennen kann und als solches verwirklichen möchte, kann alle Wahrnehmungen der Umwelt auf die für ihn wichtige Bedeutung hin überprüfen und zu nutzen versuchen. Er kann, wie dies durch eine bekannte Metapher verdeutlicht wird, ‚die Welt in sein Inneres hereinnehmen', um dann in ihr seinen Platz zu finden. *Plessner* drückt es wie folgt aus: „Durch die exzentrische Positionsform seiner selbst ist dem Menschen die Realität der *Mitwelt* gewährleistet".[7]

Man kann die Entwicklung der Evolution zur menschlichen Identität und damit zu einem ausschlaggebenden Teil der Konstitution des Menschen wie folgt zu erklären versuchen: Die organische Mängelhaftigkeit des Menschen und das von ihm empfundene Bedrohtsein ließ die biologische Eigentümlichkeit entstehen, ihm eine *geistige* Befähigung zu verschaffen, um diese Mängelhaftigkeit kompensieren zu können und um ihn dadurch besser für sein Überleben auszurüsten. Die menschliche Fähigkeit, sein Selbstbild mit seinem inneren Auge zu betrachten, kann als die Folge des biologischen Druckes entstanden und genetisch verankert worden sein oder sie kann das Ergebnis einer spontanen Genmutation gewesen sein. Die Veranlagung, in seinem Inneren sein Selbst erkennen zu können, bildete jedoch die Voraussetzung für das Entstehen seiner Identität. Dieses Entstehen beginnt damit oder geschieht dadurch, dass der einzelne Mensch in sein im Moment der Geburt noch „unbeschriebenes" Selbstbild jene Bestandteile hineinkomponiert – oder in der

7 ebd., S. 375.

ersten Lebensphase von seiner Mutter hineinkomponiert erhält –, die er als hilfreich oder bedeutsam erkennen und sich als persönlich lebensnützliches Hilfsmittel zu eigen machen kann. Von jetzt an tritt an die Stelle der Instinktlenkung ein von Identität geleitetes Handeln zum Zweck des Überlebens. Es entsteht bei ihm, ohne dass dies bewusst wahrgenommen wird, die für sein Handeln notwendige geistige Voraussetzung und die von dieser mobilisierbare Kraft.

So konnte beispielsweise der Mensch das Feuer „entdecken", weil er beim Blick auf sein Selbstbild in seinem Inneren den potentiellen Nutzen des Feuers für den Zweck seines Überlebens erkennen konnte. Kein Tier hat das Feuer jemals als etwas anderes als eine Gefahr wahrgenommen. Tiere waren instinktmäßig programmiert, die Flucht vor dem Feuer zu ergreifen. Nur der Mensch besaß die geistige Befähigung, Feuer nicht nur als Gefahr zu sehen, sondern es als eine ihm dienliche Kraft zu begreifen. Sein Handeln bestand zunächst darin, das Feuer durch Hütung oder Erzeugung zu beherrschen und es sodann als Licht- und Wärmequelle, zur Nahrungszubereitung und durch Schmelzen von Erzen zur Herstellung von Waffen und Geräten zu nutzen. Die Menschheit erlangte mit der Entdeckung des Feuers vor etwa 300.000 oder 400.000 Jahren einen entscheidenden Vorteil für die Bewältigung ihres Daseins bei ihrem Kampf gegen die Gefahren der Natur.

Der Mensch konnte auch in ihm bisher unbekannte Landschaften vordringen und sich überall auf der Erde seinen Lebensraum einrichten. Das war ihm nur möglich, weil er beim Blick in sein Inneres wusste, dass es seine geistige Befähigung und die ihm von seiner Identität mobilisierbare Kraft erlauben würden, die dort vorzufindenden Gegebenheiten zum eigenen Vorteil zu nutzen. Weil das Selbstbild ihm seine Anpassungsfähigkeit anzeigte, hat sich der Mensch umherziehend wohl zu allen Zeiten neue Lebensräume erschließen können.

Das Geheimnis der menschlichen Identität besteht somit darin, dass sie nicht nur den Kern unserer Persönlichkeit bildet, sondern dass sie zugleich als eine für den Menschen unentbehrliche *Lebenshilfe* angelegt ist. Menschliche Identität wurde neben der Befähigung zur Sprache und zum Denken zur spezifisch menschlichen Befähigung. Ohne seine Identität wäre ein nur mit Instinkten ausgestattetes Lebewesen von menschlicher oder menschenähnlicher Gestalt auf Gedeih und Verderb an ein bestimmtes Biotop gefesselt geblieben und wäre bei dessen Verschwinden wohl schon vor langer Zeit ausgestorben. Alternative Entwicklungslinien zu einer Menschlichkeit von der Art des Homo sapiens oder des Homo sapiens sapiens wie beispielsweise die Entwicklung des Neandertalers, haben wohl wegen fehlender Identität oder des Fehlens der zur ihrer Ausbreitung notwendigen Voraussetzungen ein vorzeitiges Ende gefunden.

Obwohl menschliche Identität einige wichtige Funktionen von Instinkten übernommen hat, gingen dem Menschen bei diesem Überformungsprozess nicht alle Eigenschaften von Instinkten verloren. Geblieben ist ihm beispielsweise der Instinktbestandteil der Sorge für den Nachwuchs. Auch bei der Suche nach einem Lebenspartner spielt beim Menschen der Instinkt in der Regel wohl immer noch eine gewisse Rolle. Allerdings sind auch einige der aus heutiger Sicht weniger positiv zu beurteilenden Instinkteigenschaften wie vermutlich die einer rassistischen Einstellung nicht durch eine von Identität ermöglichte „modernere" Orientierung überformt worden. Auch ein tiefsitzendes menschliches Bedürfnis nach Zugehörigkeit zu einem Schutz bietenden Kollektiv dürfte ein Erbstück unserer instinktgelenkten tierischen Vergangenheit sein.

Die Entstehung von Identität als ein nicht nur einzelne Individuen betreffendes, sondern als ein die Menschheit insgesamt von allen anderen Lebewesen unterscheidendes Charakteristikum dürfte ein langer und schwieriger Prozess der Evolution gewesen sein. Als bei einem Individuum oder vielleicht bei einer verwandtschaftlich zusammengehörenden Gruppe von Individuen die Eigenschaft entstanden war, sein eigenes Selbst zu erkennen, blieben die mit dieser Eigenschaft verbundenen neuen Befähigungen natürlicherweise zunächst auf wenige Individuen beschränkt, die untereinander sexuelle Kontakte gehabt hatten und die die neuentstandene beziehungsweise veränderte genetische Ausstattung besaßen. Für die Ausbreitung des besagten Charakteristikums auf jene Menschen, die zu Vorläufern des heutigen Homo sapiens sapiens wurden, hat es allerdings wohl auch noch ganz bestimmter Voraussetzungen bedurft.

Eine entscheidende Voraussetzung dafür, dass der Prozess der Überformung des instinktgelenkten Verhaltens durch identitätsorientiertes Handeln verbreitet ablaufen konnte, war sicherlich die bereits erwähnte Retardation bei dem zum Menschen sich entwickelnden Lebewesen und damit in Zusammenhang auch das Entstandensein einer zumindest rudimentären Sprachfähigkeit. Dadurch konnten die Vorteile identitätsgeleiteten Handelns anstelle instinktgelenkten Verhaltens auch auf verbale Weise dargestellt werden.

Eine weitere Voraussetzung für die Ausbreitung identitätsgeleiteten Handelns dürfte es gewesen sein, dass die frühzeitlichen Menschen bereits eine gewisse Individualität innerhalb ihrer Horde entwickelt hatten. Man kann sich verschiedene Szenarien vorstellen, wie dies abgelaufen ist. Sicherlich war das Größerwerden menschlicher Hordengemeinschaften eine notwendige Voraussetzung sowie die dadurch notwendige Spezialisierung bei der Nahrungsbeschaffung oder dem Bau von Behausungen. Das Überleben der Gemeinschaft war nicht mehr allein durch ein einzelnes Leit-Lebewesen (als sog. Alphatier) wie beispielsweise durch den Leitwolf eines Wolfsrudels zu sichern, sondern bedurfte der Unterstützung durch „Spezialisten" für jeweils besondere Aufgaben. Mit dem Entstehen einer rudimentären Sprachfähigkeit waren solche Mitglieder der Horde in der Lage, ihre Rolle mit einem gewissen Maß an Selbständigkeit auszuüben.

Grundsätzlich hat der Mensch mit der Entstehung seiner Eigenschaft, bei sich ein Selbstbild vorfinden zu können, auch erkannt, dass er Angehöriger und daher Teilhaber eines Kollektivs ist und er für sein eigenes Überleben und seine Selbstverwirklichung auf ein Kollektiv angewiesen ist. So sind beim einzelnen Menschen Identitätsbestandteile entstanden, die für den Erhalt des Kollektivs notwendig sind und die die Kraft mobilisieren, die er braucht, um seine Rolle im Interesse seines Kollektivs spielen zu können. Menschliche Identität wird somit nicht nur benötigt, um das *individuelle* Überleben besser zu bewältigen, sondern auch, um menschliches Leben als *Gemeinschaft* zu gewährleisten. Das ermöglichte im Verlauf der Geschichte der Menschheit auch das Entstehen großer menschlicher Kulturen. Je nach den Umweltbedingungen wie Klima, Topographie oder Kommunikationsmöglichkeiten mit anderen menschlichen Kollektiven entstanden im Lauf der Zeit die für ein Kollektiv charakteristischen und in den kollektiven Identitäten verankerten Eigenheiten.

Menschliche Identität bedeutete aber nicht nur Lebenshilfe in einem elementaren Sinn. Mit seinem Selbstbild hat der Mensch auch seine Sterblichkeit zur Kenntnis nehmen müssen. Eine solche Wahrnehmungsbefähigung ist bei keinem Tier vorhanden. Zwar können auch manche Tiere den Tod eines Lebenspartners betrauern, doch führt das nicht zu Konsequenzen, wie sie beim Menschen entstehen können und auch entstanden sind. Aus dem als unerträglich empfundenen Bewusstsein seiner Sterblichkeit entstand beim Menschen der Wunsch, seine Sterblichkeit zu überwinden. Bei der Suche nach Möglichkeiten des Weiterlebens entstanden Religionen sowie Rituale und Vorkehrungen einer Sterbekultur, die das Sterben nicht mehr als etwas Endgültiges erscheinen lassen sollten. Auch das Bedürfnis der Erschaffung von Werken der Kunst und menschliches Streben nach Ruhm dürften vor allem dem menschlichen Wunsch entsprungen sein, ‚sich zu verewigen' und so das Bewusstsein der Sterblichkeit zu verdrängen.

Wahrscheinlich ist die unser Selbstbild prägende Wahrnehmung unserer Sterblichkeit für das menschliche Dasein ebenso wichtig geworden wie die von unserem Selbstbild ermöglichte Hilfe zum gewöhnlichen Leben. Der in der Folge ihrer Wahrnehmung entstandene Wunsch nach Unsterblichkeit und die daraus hervorgegangenen Religionen haben zwar auch zu blutigem Streit um den rechten Glauben und um den rechten Weg zum ewigen Leben geführt, doch hat die in den kollektiven Identitäten verankerte Religion auch Kräfte mobilisiert, die für das Schicksal von Menschen und der von Menschen gebildeten Gemeinschaften von manchmal schicksalhafter Bedeutung wurden.

3

Identität als psychologisches Phänomen

Identität als vielschichtiges Phänomen – Eriksons Lehre von der Rolle der Identität beim gesunden Menschen – Urvertrauen und Autonomie als Grundstock menschlicher Identität – Die Rolle von Identitätskrisen – Identitätsdiffusion bei Jugendlichen, Erwachsenen oder bei Kollektiven – Verlust der kollektiven Identität bei den nordamerikanischen Indianern

Die Lebensgeschichte eines Menschen ist immer zugleich die Geschichte des Entstehens seiner Identität. Grundlegende Erkenntnisse über die einzelnen Phasen der Entstehung von Identität verdanken wir dem Psychoanalytiker *Erik H. Erikson* (1902–1994). Sein wichtigster Beitrag zur Psychoanalyse bestand in seiner Lehre von der *Identität des gesunden* Menschen, wobei gesund als seelisch unversehrt zu verstehen ist. *Erikson* hat erkannt, dass ein Mensch erst mit dem Erwerb seiner Identität über die notwendige Ressource verfügt, die er für sein Leben benötigt. Unsere Identität ist unsere entscheidende Orientierungsquelle. Zwar lassen wir uns oft auch von dem leiten, was gerade Mode ist oder was uns von anderen Menschen vorgelebt wird. Aber auch in diesen Fällen werden die uns dabei gelassenen Spielräume letztlich von unserer Identität abgesteckt.

Die bahnbrechenden Erkenntnisse *Eriksons* verdanken sich zum Teil wohl auch seinem ganz und gar ungewöhnlichen Lebenslauf. „Sein Aufstieg vom sensiblen Wandervogel zum weltbekannten

Wissenschaftler und Psychotherapeuten steht für eine der ungewöhnlichsten Karrieren der modernen Psychologie. Ohne je ein Hochschulstudium absolviert zu haben, wurde *Erikson* zum Professor einer amerikanischen Elite-Universität, zum vielfachen Ehrendoktor und Pulitzer–Preisträger", schreibt sein Biograph *Peter Conzen.*[8]

Erikson wurde nahe Frankfurt a.M. geboren, sein Vater, ein Kopenhagener Bankier, hatte sich noch vor der Geburt seines Sohnes von seiner Mutter *Carla,* geb. *Abrahamson,* getrennt. Nach dieser Trennung zog sie zu Freunden nach Deutschland und heiratete dort später den Kinderarzt *Theodor Homburger.* In Karlsruhe wuchs *Erikson* in großbürgerlichen Verhältnissen auf, neigte dem Beruf eines Künstlers zu, begann ein Kunststudium, ging aber auf Wanderschaft und traf in Wien auf *Anna Freud,* die Tochter *Sigmund Freuds,* von der er sich zum Psychoanalytiker ausbilden ließ. Bedingt durch die politischen Verhältnisse in Deutschland emigrierte er in die USA und nahm bei seiner Einbürgerung den Namen *Erikson* an. Den Namen seines Stiefvaters, mit dem er sich sehr gut verstanden hatte und von dem er auch sehr gefördert wurde, wählte er als seinen zweiten Vornamen.

Erikson arbeitete vor allem als Kliniker, arbeitete mit Kindern, labilen Jugendlichen und traumatisierten Kriegsheimkehrern und betrieb nebenbei Studien der Anthropologie, der Soziologie, der Geschichte, der Literatur und der Theologie. Von der amerikanischen Regierung erhielt er den Auftrag, ihr bei der Lösung des Problems der Integration der Indianer zu helfen. Bei der Wahrnehmung dieses Auftrags hat er wichtige Einsichten hinsichtlich kollektiver Identität gewonnen.

Die Identität bildet, so *Erikson,* eines der drei „Netzwerke", die ein Mensch zum Leben benötigt: ein physiologisches Netzwerk der körperlichen Organe, ein soziales Netzwerk, in das er eingebunden ist, und sein persönliches *seelisches* Netzwerk, das seine Mitte bildet und im Speziellen auch die Aufgabe hat, die Verbindungen zu den anderen Netzwerken herzustellen und

8 Erik H. Erikson. Leben und Werk, S. 9.

aufrechtzuerhalten. *Erikson* hat neben dem Fall gelungener Identität auch die Fälle einer nicht gelingenden oder zusammengebrochenen Identität untersucht und beschrieben.

Die Identitätsbestandteile eines Menschen entstehen im gelingenden Normalfall einerseits in Abhängigkeit von seiner biologisch gesteuerten *organisch-körperlichen Entwicklung* und den dabei sich stellenden *Herausforderungen* sowie andererseits in Abhängigkeit von den jeweiligen sozialen und kulturellen Gegebenheiten, denen er im Lauf seines Lebens ausgesetzt ist. Grundlegende Bestandteile der Identität eines Menschen entstehen bereits in seiner frühesten Jugend. Weitere Bestandteile entstehen in den folgenden Abschnitten des Lebens bis zu dessen Ende.

Im *ersten* Lebensabschnitt des Menschen sollte *Ur-Vertrauen* als Grundstock einer tragfähigen Identität entstehen. Urvertrauen stellt sich ein, wenn sich beim Neugeborenen elementare Gewissheiten verfestigen konnten, so insbesondere die Gewissheit, er könne sich bei der Mutter auf die dauerhafte Versorgung mit Nahrung verlassen. Dieser Vorgang wird als *Introjektion* bezeichnet. Er transformiert psychologisch den Empfang von Gutem, das von außen kommt, zu inneren Gewissheiten.

Neben gesicherter Nahrungsaufnahme müssen für die Entstehung von Urvertrauen auch lebenswichtige Sinnesreize vermittelt werden. Das neue Lebewesen muss mit Hilfe seiner Augen und seines Tastsinns optische und taktile Sinnesreize erhalten. Es braucht daher auch das regelmäßige und zuverlässige Erscheinen der Mutter, das Erleben eines konstant bleibenden Umfelds der Dinge und überhaupt die Erfahrung des Kontinuierlichen und Gleichartigen. Ist das der Fall, dann verfestigen sich die Vorgänge der ersten Lebensphase zu im tiefsten Inneren des Lebewesens bleibenden Empfindungen. Urvertrauen als eine auf die Erlebnisse des ersten Lebensjahres zurückgehende Einstellung zu sich selbst und zur Welt führt später zu einer Grundhaltung des Sich-verlassen-Könnens, und zwar in Bezug auf die Glaubwürdigkeit anderer wie in Bezug auf sich selbst.

Es ist keineswegs immer gewährleistet, dass Urvertrauen entsteht. Es kann auch eine Grundhaltung des *Urmisstrauens* entstehen. Widrige Umstände sind oft nicht zu vermeiden und sind vielfach sogar naturgegeben. So ist beispielsweise die Geborgenheit im Mutterleib bei der Geburt unwiderruflich verloren gegangen, und an ihre Stelle ist eine grundsätzlich weniger zufriedenstellende Situation getreten. Nur wenn die für sein Wohlbefinden erforderlichen Bedingungen insgesamt überwiegen, werden beim Neugeborenen die unvermeidbaren Frustrationen nicht in das Entstehen von Urmisstrauen umschlagen.

Auch in den folgenden Lebensphasen spielen körperlich-organische Faktoren eine zentrale Rolle bei der Bildung von Identitätskomponenten. Das Wachstum des Muskelsystems und der zunehmende *autonome Willen* muss in konstruktive Bahnen gelenkt werden, damit beim Kind jetzt auch Selbstbeherrschung als wichtiger Identitätsbestandteil entsteht. Da das Kind noch nicht in der Lage ist, sich selber diesen Identitätsbestandteil zu erobern, müssen die Eltern diese Aufgabe an seiner statt erledigen. Gelingt das nicht, können beim Kind infolge der sich dann laufend einstellenden Misserfolge *Scham* und *Zweifel* als dauerhafte Identitätsbestandteile entstehen.

Mit dem Eintritt in die Phase der Adoleszenz drängt sich die äußere Welt ins Blickfeld des Jugendlichen, und es erfolgt die Konfrontation mit der Welt der Arbeit und mit der Welt der sozialen Beziehungen. Zugleich entsteht ein Bewusstwerden eigener Begabungen oder Fähigkeiten und das Bedürfnis, diese unter Beweis zu stellen, um Anerkennung im Kollektiv der Erwachsenen zu finden. Der Jugendliche identifiziert sich mit den verschiedensten Vorbildern, schließt sich mancherlei Cliquen oder Gruppen an und sucht seine soziale Rolle zunächst unter seinesgleichen zu finden. Entscheidend für das Gelingen der Integration in die Welt der Arbeit und die Bildung einer kollektiven Identität sind die von den verschiedenen sozialen Gruppen und letztlich die von der Gesellschaft insgesamt bereitgestellten Vorbilder.

Die Identifikation der Jugendlichen mit einer Gruppe oder Gemeinschaft kann auch die Form der Identifikation mit der Geschichte eines Landes haben. Früher einmal tonangebende Gruppen oder Gemeinschaften können ebenso wie aktuell bestehende Gruppen oder Gemeinschaften zu einem Identifikationsvorbild werden. Die Geschichte z.B. eines Nationalstaates kann so die Vorbilder liefern, die sich in der Vorstellung von Jugendlichen zu Identifikationsobjekten eignen.

Das Finden einer Identität ist immer ein vom Scheitern bedrohter Vorgang. Anstelle von Urvertrauen, Autonomie, Initiative und Bereitschaft zum Anpacken können Minderwertigkeitsgefühle und Zweifel zu zentralen Bestandteilen einer Identität werden. Der Prozess der sozialen Selbst-Suche ist fast immer für den Jugendlichen mit vielen Unsicherheiten und Enttäuschungen verbunden und kann in einer Sackgasse enden.

Die soeben skizzierte Identitätsentwicklung des einzelnen Individuums bis zur Adoleszenz erfährt im *Eriksonschen* Lebenszyklus-Modell seine Fortsetzung in den verschiedenen Phasen des Erwachsenenlebens. Ein positiver Identitätszuwachs stellt sich auch jetzt wieder nur dann ein, wenn die Konfrontation mit den Herausforderungen des jeweiligen Lebensabschnitts erfolgreich bestanden wurde. Das beinhaltet das Fußfassen in der Arbeitswelt und in einer beruflichen Umgebung sowie die erfolgreiche Suche nach einem geeigneten Geschlechtspartner. Beim jungen Erwachsenen muss sich der Identitätsbestandteil einer Fähigkeit zur *Intimität* entwickeln. Darunter versteht *Erikson*, dass sich Liebe und Eros mit der Fähigkeit verbinden, sich einem anderen Menschen hinzugeben, ohne den Verlust der eigenen Identität befürchten zu müssen.

Neben dem Gefühl gelungener Intimität im privaten Bereich und erfolgreicher Integration ins Berufs- oder Arbeitsleben sollte schließlich auch das Gefühl entstehen, in einem umfassenderen Sinn Verantwortung und Verpflichtung für die nachfolgende Generation wie überhaupt für die ganze Menschheit übernehmen zu können. *Erikson* nennt diesen Identitätsbestandteil eine als innere Verpflichtung empfundene Fähigkeit zur *Generativität*.

Im letzten Stadium des Lebenszyklus entstehen aus der rückschauenden Auseinandersetzung mit der eigenen Vergangenheit weitere Identitätsbestandteile. Der Grad des Gelungenseins oder des Scheiterns bei der Bewältigung der vorangegangenen lebensaltersspezifischen Aufgaben wird für den seelischen Zustand dieses letzten Lebensabschnitts entscheidend. Wer die Triumphe und Enttäuschungen des Lebens in einer auch sozial wünschbaren Weise durchgestanden und die Sorge für Dinge und Menschen auf sich genommen hat, der kann ein Gefühl von *Integrität,* d.h. moralischer Unversehrtheit, als seine Altersidentität erreichen. Den von *Erikson* gewählten Begriff der Integrität kann man verstehen als ein Gefühl des seelischen Unverletztgebliebenseins und ein Gefühl der gelungenen eigenverantworteten Lebensbewältigung.

Für die fortschreitende individuelle Entwicklung einer Identität in den entscheidenden Lebensphasen spielen *Identitätskrisen* eine wichtige Rolle. Auch das ist eine der grundlegenden Erkenntnisse *Eriksons.* Eine Identitätskrise entsteht, wenn ein Mensch vor einer neuen Herausforderung steht, für deren Bewältigung ihm seine vorhandene Identität als nicht ausreichend erscheint. Identitätskrisen sind Etappen im Zuge der Entstehung von jeweils tragfähigeren Identitätskomponenten in den aufeinanderfolgenden Stadien des Lebenszyklus. Man kann auch sagen, Identitätskrisen seien eine natürliche Folge des sich erweiternden Handlungshorizonts des wachsenden und reifer werdenden menschlichen Organismus. In den meisten Fällen wird eine Identitätskrise von dem betroffenen Individuum gar nicht als eine Krise empfunden, sondern als eine Herausforderung, um zukünftige Aufgaben im Beruf oder im Privatleben besser bewältigen zu können. Es bieten sich meist viele Möglichkeiten an, eine Herausforderung anzunehmen, Schwächen zu beseitigen und mehr Selbstvertrauen zu bekommen: Man kann sich vornehmen, mehr zu arbeiten oder sich fehlende Kenntnisse durch berufliche Weiterbildung anzueignen. Fehlende Geselligkeit kann man durch Suche nach neuen menschlichen Kontakten oder durch Eintritt in einen Verein beseitigen. Etc, etc.

Es gibt Identitätskrisen, deren Überwindung welthistorische Bedeutung erlangt hat. *Erikson* hat solche Krisen, wie sie beispielsweise von *Martin Luther* und von *Mahatma Ghandi* durchlebt wurden, bevor sie ihre das Bewusstsein der Menschheit verändernden Leistungen vollbringen konnten, in zwei psychohistorischen Biographien rekonstruiert. Im Speziellen hat er auch der außergewöhnlichen Identitätskrise *George Bernard Shaws* (1856–1950) eine ausführliche Darstellung gewidmet.[9] Das wurde ihm erleichtert, weil ihm die Beobachtungen seines Untersuchungsobjekts vorlagen. *Shaws* mit bissigem Humor vermischte Beobachtungen, die er im hohen Alter aufgeschrieben und veröffentlicht hat, sind für das Verständnis einer Identitätskrise und ihrer Folgen höchst aufschlussreich. Sie sollen dem Leser der vorliegenden Schrift nicht vorenthalten werden, dabei *Erikson* folgend, auf dessen Wiedergabe sich die folgenden Ausführungen stützen.

Shaw schildert – so *Erikson* – zuerst seine Lage als Kind einer Familie, die sich wirtschaftlich kaum über Wasser halten konnte. Der Vater sei ein Trinker und Habenichts und der Sohn eines Habenichts gewesen. Seine Mutter beschreibt er als eine tief enttäuschte Frau, gestraft mit einem hoffnungslosen Ehemann und drei uninteressanten Kindern. Seine Identitätskrise habe begonnen, als er mit Schrecken realisiert habe, dass das für ihn vorgesehene Kaufmannsleben mit der „Riesenhaftigkeit seines unbewußten Ehrgeizes"[10] nicht in Einklang zu bringen sein würde. Shaw beschreibt seinen großmannssüchtigen Glauben an seine angeborene Begabung wie folgt: „Schon von der Wiege an hatte ich unbewußt beschlossen, ein zweiter *Shakespeare* zu werden"[11]. Und ebenso: „Meine Lehrerin verwirrte mich durch ihre Versuche, mich lesen zu lehren, denn ich kann mich an keine Zeit erinnern, wo ein gedrucktes Blatt Papier mir unverständlich gewesen wäre, und so kann ich nur vermuten, daß ich schon bei meiner Geburt lesen konnte." [12]

9 *Erikson,* Identität und Lebenszyklus, S. 125ff.

10 Ebd., S. 127.

11 Ebd., S. 132.

12 Ebd., S. 134.

Unter diesen Umständen musste es irgendwann zu einer Krise kommen. *Shaw* beendete seine kurz zuvor begonnene kaufmännische Laufbahn, verließ sein Zuhause, seine Freunde und Irland und tauchte erst nach acht Jahren wieder auf. Er gewährte sich, wie *Erikson* es nannte, ein *psychosoziales Moratorium,* d.h. eine Verlängerung des Zwischenstadiums zwischen Jugend und Erwachsenenalter. *Shaw* beschreibt diese Zeit wie folgt: „Um nicht die Gewohnheit des Arbeitens zu verlieren, kaufte ich mir immer für einen halben Schilling weißes Kanzleipapier, faltete es zu Quartblättern und verurteilte mich dazu, ganz gleich, ob es regnete oder die Sonne schien, ob ich mich leer oder inspiriert fühlte, täglich meine fünf Seiten vollzuschreiben. Es steckte noch so viel vom Schuljungen und vom Kaufmannslehrling in mir, daß ich mitten im Satz aufhörte, wenn ich meine fünf Seiten voll hatte. [...] Auf diese Weise brachte ich in fünf Jahren fünf Romane zustande. Das war meine Lehrzeit als Schriftsteller."[13] (Diese Romane wurden erst 50 Jahre später veröffentlicht, zusammen mit den vorangestellten autobiographischen Notizen, auf die sich *Erikson* stützen konnte.)

Shaws Identität, die er sich während seiner Identitätskrise durch Selbstdisziplin und Arbeit erworben hatte („Ich arbeitete, wie mein Vater trank"), blieb natürlich zeitlebens geprägt von dem, was sich in seinem Zuhause als eine Mischung von Familientragödie und Familienkomödie abgespielt hatte und was zu einer Quelle seines beißenden Humors wurde. *Shaw* schildert – so *Erikson* – eine seiner Schlüsselerinnerungen wie folgt: „Ein Junge, der gesehen hat, wie sein ‚alter Herr' mit einer mangelhaft verpackten Gans unter dem einen Arm und einem in demselben Zustand befindlichen Schinken unter dem anderen Arm (die er beide unter Gott weiß welcher Wahnvorstellung einer Festlichkeit angeschleppt bringt) mit dem Kopf gegen die Gartenmauer anrennt, in der Meinung, das Gartentor aufzustoßen, wobei sich sein Zylinderhut in eine Ziehharmonika verwandelt – ein Junge, der, statt bei diesem Anblick vor Scham und Angst zu vergehen, vor Lachen [...] kaum imstande ist, herbeizuspringen, um den

13 Ebd., S. 128.

Hut zu retten und seinen Träger auf den richtigen Kurs zu lotsen, der ist sicherlich kein Junge, der einmal aus Nichtigkeiten Tragödien macht; eher wird er aus Tragödien Nichtigkeiten machen."[14] Und so ist es dann auch gekommen. *Shaw* wurde der Autor von „Pygmalion" und des Musicals „My fair Lady" und erhielt 1925 den Nobelpreis für Literatur.

Nicht immer führt eine Identitätskrise wie im Fall *George Bernhard Shaws* zu einer den Besitzer sein ganzes Leben lang tragenden Identität. Am Rand des Weges zur Bildung einer solchen Identität lauern viele Gefahren. Die Fälle nicht entstehender tragfähiger Identität oder des Zusammenbruchs einer vorhandenen Identität müssen auch zur Kenntnis genommen werden. Nur wenn man auch diese Fälle vor Augen hat, kann man die *Unentbehrlichkeit* von (tragfähiger) Identität ermessen und aus dieser Einsicht gegebenenfalls auch Folgerungen gesellschaftlicher, politischer oder wirtschaftlicher Art ziehen.

Erikson hat mit seinem Lebenszyklus-Modell, dargestellt in seinem Hauptwerk „Kindheit und Gesellschaft" und in seiner Studie „Identität und Lebenszyklus" nicht nur den gewissermaßen von der Natur vorgesehenen Weg zur Bildung von Identität dargestellt, sondern sich auch mit den dabei auftretenden Schwierigkeiten und dem eventuellen Scheitern auf diesem Weg auseinandergesetzt. Von ihm stammt auch der zentrale Begriff der *Identitätsdiffusion,* mit dem er den Extremfall des vorübergehenden oder dauernden Verlusts einer tragfähigen Identität bezeichnete. Anstelle von Identitätsdiffusion hat er auch von *Identitätsverwirrung, Identitätszersplitterung* und *negativer Identität* gesprochen.

Identitätsdiffusion kann bei einem Erwachsenen ganz allgemein dann entstehen, wenn eine Identitätskrise nicht erfolgreich überwunden werden kann. Sie kann aber auch durch ungünstige Umwelteinflüsse entstehen, vor allem dann, wenn eine genetische Disposition vorliegt. Die eine Identitätsdiffusion charakterisierenden Symptome sind in vieler Hinsicht vergleichbar mit de-

14 Ebd., S. 129.

nen einer genetisch bedingten Schizophrenie. Sie zeichnen sich nach *Erikson* durch das gleichzeitige Auftreten folgender vier Symptome aus: ein *zerrüttetes Zeitgefühl, fehlender Werksinn,* d.h. fehlendes Sensorium für die reale Welt, *Unfähigkeit zur Intimität* und schließlich Identifikation mit destruktiven Rollen. Gravierend sei neben diesen Symptomen vor allem eine Flucht aus der Realität und der Zusammenbruch jeglicher Fähigkeit zur Gemeinschaft.

Erikson hat auch Identitätsdiffusion im Fall von Kollektiven untersucht und nach den Gründen für den Zusammenbruch einer kollektiven Identität gesucht. Ihm war kurz nach seiner Immigration in die USA angeboten worden, als freier Wissenschaftler eine Gruppe von Beauftragten der amerikanischen Behörde für indianische Angelegenheiten zu begleiten. *Erikson* kam auf diese Weise in engen Kontakt zuerst mit dem Stamm der Sioux-Indianer im Nordwesten der USA und später mit dem Stamm der Yurok-Indianer an der amerikanischen Pazifikküste.

Bei den Sioux handelte es sich um Nomaden, die seit vielen Jahrhunderten ihr kollektives Leben als Büffeljäger eingerichtet hatten. Ein Bericht der Indianerbehörde beschreibt ihr Leben wie folgt: „Gut war das Leben auf den Hochebenen von Dakota, ehe der weiße Mann kam [...] Büffel wanderten in dunklen Massen über das Grasland. Die schwarzen Hügel und die Felsgebirge waren lebendig von Hirsch und Biber, Bären und anderm Wild. [...] In einem beweglichen System von Banden organisiert, folgten die Dakota (Sioux) in langen Reihen zu Pferde und mit Wagen dem Büffel. In bestimmten Zeitabständen sammelten sie sich in gut organisierten Lagern, wo sie ihre leichten Zelte aufschlugen. Alles, was sie gemeinsam betrieben – das Lagerleben, die großen Büffeljagden, die Tänze –, war streng geregelt[15] . Alles drehte sich um den Büffel, sein Körper lieferte nicht nur Nahrung und Material für Kleidung und Behausung, auch alle Zeremonien und Tänze, die Mythologie und die Spiele der Kinder priesen seinen Namen und sein Bild. Die Erziehung der Kinder

15 *Erikson*, Kindheit und Gesellschaft, S. 111.

entsprach den Bedürfnissen dieses Nomadenlebens. Die Knaben der Sioux wurden zu fast grausamer Härte und der Fähigkeit erzogen, extreme Anstrengungen und Qualen in Leid und Selbstfolterung zu ertragen, die Mädchen wurden zu Unterwürfigkeit und regelrechter Angst vor dem Manne erzogen und beide Geschlechter im Geist des ökonomischen Prinzips des Fortgebens und Verschenkens von Besitz.[16]

Die amerikanische Indianerpolitik hatte sich bis gegen Ende des 19. Jahrhunderts fast ausschließlich militärischer Mittel bedient, um das sogenannte Indianerproblem in den Griff zu bekommen. Da der bisher geführte Kleinkrieg aber nicht viel mehr erreicht hatte als die Dezimierung der indianischen Bevölkerung, wollte die amerikanische Behörde für Indianerangelegenheiten es mit friedlichen Mitteln versuchen, die Indianervölker vor allem über die Kindererziehung in die Mehrheitsgesellschaft zu integrieren. „An manchen Orten wurden die Kinder so gut wie entführt, um sie zwangsweise in die Regierungsschulen zu bringen. Ihre Haare wurden kurz geschnitten und ihre indianische Kleidung fortgeworfen. Es war ihnen verboten, ihre eigene Sprache zu sprechen. Das Leben in der Schule stand unter militärischer Disziplin, und die Befolgung der Vorschriften wurde durch körperliche Strafen erzwungen. Diejenigen, die beharrlich an ihren alten Gebräuchen festhielten oder die fortliefen, und wieder eingefangen wurden, kamen ins Gefängnis."[17]

Der Versuch einer Politik der Zwangsintegration scheiterte allerdings ebenso wie der Versuch, die Integration der Indianer in die Mehrheitsgesellschaft der Amerikaner mit den humanen Mitteln der Wohltätigkeit zu erreichen. „Der Verwaltungsbeamte wurde durch den Lehrer, den Arzt und den Anthropologen ersetzt. Aber der Indianer, der ehemals ein Mann war, dem Unrecht geschah, kann heute mit dem verglichen werden, was der Psychiater einen ‚Kompensationsneurotiker' (Rentenneurotiker) nennt;

16 Ebd., S. 124 ff.

17 Ebd., S. 113f.

er bezieht sein ganzes Sicherheits- und Identitätsgefühl aus dem Zustand eines Menschen, dem man etwas schuldig ist."[18]

Der exemplarische Fall einer zusammengebrochenen Kollektividentität wird von *Erikson* mit Bezug auf die Sioux-Indianer wie folgt beschrieben. „Die Sioux sind unter traumatischen Bedingungen jener Wirklichkeit verlustig gegangen, die der historischen Form ihrer kollektiven Identität angemessen war. Bevor der weiße Mann kam, waren sie kriegerische Nomaden und Büffeljäger. Von den Eindringlingen hingeschlachtet, verschwand der Büffel. Die Sioux wurden Krieger in der Verteidigung und unterlagen. [...] Nur um den Preis, ein kranker Mann zu sein, konnte der Sioux ein seßhafter Ackerbauer auf schlechtem Boden werden. So wurde den Sioux Schritt für Schritt die Grundlage einer kollektiven Identitätsbildung entzogen und damit das Reservoir kollektiver Integrität, aus dem allein das Individuum seine Bedeutung als soziales Wesen beziehen kann. Furcht und Hunger haben den Sioux dahin gebracht, seine Gemeinschaftsfunktionen an den nahrunggewährenden Eroberer abzutreten. Statt vorübergehende Angelegenheit vertraglicher Verpflichtungen zu sein, blieb die staatliche Hilfe auch weiterhin unentbehrlich, und zwar mehr und mehr in der Form dauernder Unterstützung. Gleichzeitig gelang es der Regierung nicht, die alten und die neuen Ideale in Einklang zu bringen und überhaupt den Kern eines in Form und Inhalt neuen Bewußtseins zu begründen. [...] Es ist tatsächlich so, daß die überkommenen Erziehungsprinzipien, die innerhalb der Reste eines Stammes noch wirksam sind, die Entwicklung eines ‚weißen Bewußtseins' untergraben."[19]

Der von *Erikson* dargestellte Fall des Zusammenbruchs der kollektiven Sioux-Identität erlaubt gewisse Verallgemeinerungen auch im Hinblick auf Gesellschaften wie die unsere. Solche Verallgemeinerungen lagen auch *Erikson* nicht fern. Für ihn waren „primitive Gesellschaften (wie diejenigen der amerikanischen Indianer) weder infantile Stadien der Menschheit, noch erstarrte

18 Ebd., S. 115.

19 Ebd., S. 150.

Abwandlung der stolzen modernen Normen, die wir repräsentieren", sondern „eine in sich vollständig abgeschlossene Form reifen menschlichen Lebens von einer Einheitlichkeit und einfachen Integrität, die wir manches Mal beneiden könnten."[20]

Man kann das Scheitern der amerikanischen Indianerpolitik letztlich wohl auf den Mangel an Bedingungen zurückführen, die für das Entstehen von Identität vorliegen müssen. Kollektive Identität kann nicht von außen her aufoktroyiert werden, sie geht vielmehr immer aus einem eigenen, selbst erfahrenen und oft langwierigen kollektiven *Erlebnisprozess* hervor. Zwar ist der Wunsch nach kollektiver Identität anthropologisch-genetisch im Menschen verankert. Aber das Gelingen von intakter kollektiver Identität hängt immer auch von äußeren Umständen ab. Ob es je in der Macht der amerikanischen Indianerpolitik gestanden hätte, diese äußeren Umstände zu gewährleisten, kann man dahingestellt sein lassen.

20 Ebd., S. 107f.

4

Die Kraft kollektiver Identität

Ein historisches Beispiel für außergewöhnliche Identitätskraft – Entstehung von kollektiver Identität als Verinnerlichung eines philosophisch-literarisch entwickelten Menschenbilds – Die Leistungen des demokratischen Nationalstaates – Identität und Gewalt: die Tragödie Ruandas – Huntingtons befürchtete Infragestellung der US-amerikanischen Identität – Die Koordinierungs- und Führungsfunktion von Eliten – Die bei fehlender Führung durch eine moderne Elite drohende Gefahr destruktiver Entfaltung der von Identität mobilisierbaren Kraft

Die Erde als Ort, der heutigen Menschen ein Leben auf ihr ermöglicht, wäre ohne die von menschlicher Identität mobilisierbare Kraft nicht entstanden. Was von Menschenhand und mit Hilfe menschlichen Vorstellungsvermögens und menschlicher Intelligenz auf unserer Erde hervorgebracht wurde, hatte seinen Ursprung in der im Verlauf der Evolution entstandenen und in der menschlichen Konstitution verankerten Fähigkeit des Menschen, in seinem Inneren sein Selbstbild zu erkennen und die zu seiner Verwirklichung nötige Kraft zu mobilisieren. Einen Eindruck von der Kraft, die das Selbstbild eines Menschen zu mobilisieren vermag, kann das folgende, an den Anfang des vorliegenden Kapitels gestellte berühmte und in die Literatur eingegangene Beispiel vermitteln.

Von dem in seiner Identität eingegrabenen Glauben an seine Berufung als Entdecker durchdrungen, hatte der vor rund 100

Jahren verstorbene Antarktisforscher *Robert Scott* sein Ziel, als erster Mensch den Südpol zu erreichen, bis zu seinem bitteren Lebensende verfolgt. Mit einem Essay hat ihm der Schriftsteller *Stefan Zweig* ein Denkmal gesetzt und *Scotts* Leistung als eine „Sternstunde der Menschheit" bezeichnet.

Robert Falcon Scott (1868–1912) erdachte, organisierte und leitete einen am 1. November 1911 begonnenen Marsch von der Küste der Antarktis bis zu dem auf nahezu 3000 Metern über dem Meer liegenden geographischen Südpol. Die Teilnehmer der Expedition erreichten unter Inkaufnahme unsäglicher Strapazen bei widrigsten meteorologischen Bedingungen am 18. Januar 1912 ihr Ziel, sie hatten am Ende ihre Schlitten mit dem unentbehrlichen Proviant, Brennstoffen und Zelten selber ziehen müssen. Erschöpft von den Anstrengungen und entmutigt von der Feststellung, dass der Norweger *Roald Amundsen* ihnen zuvorgekommen war, sind sie auf dem Rückweg im Schneesturm erfroren. In einem später im Eis gefundenen Abschiedsbrief schrieb *Scott* an einen Freund: „Ich weiß nicht, ob ich ein großer Entdecker gewesen bin, aber unser Ende wird ein Zeugnis sein, daß der Geist der Tapferkeit und die Kraft zum Erdulden aus unserer Rasse noch nicht entschwunden sind."[21]

Nicht weniger eindrucksvoll als die Kraft, über die ein Einzelner verfügen kann, um das in seiner Identität verankerte Selbstbild zu verwirklichen, ist die Kraft, die ein Kollektiv mobilisieren kann, um das in den Identitäten seiner Menschen vorhandene Welt- oder Selbstbild zu verwirklichen. Das zu Anfang des vorliegenden Buches dargestellte Selbstbild der Berliner, die allen Versuchen, sie ihrer Selbständigkeit zu berauben, erfolgreich widerstanden haben, liefert ein Beispiel für diese Kraft, die es braucht, um sein eigenes Selbstbild zu verwirklichen. Als vor einigen tausend Jahren die Sumerer, Babylonier oder Ägypter das in ihren Identitäten vorhandene Weltbild realisierten, haben sie mit der dabei eingesetzten Kraft Hochkulturen hervorgebracht. Nicht geringer war die Kraft, die beispielsweise das Kollektiv

21 *Zweig*, Sternstunden der Menschheit, Der Kampf um den Südpol, S. 236f.

der Azteken Mittelamerikas oder die Indianerstämme Nordamerikas für die Verwirklichung ihres Selbstbilds aufgebracht haben. Auch die identitätsverankerte kollektive Lebensform von sogenannten primitiven Gesellschaften wie die der amerikanischen Indianer kann, so *Erikson,* als eine „abgeschlossene Form reifen menschlichen Lebens" bezeichnet werden.[22]

Als im Verlauf der Menschheitsgeschichte aus dem ursprünglichen Lebewesen der Gattung ‚homo' mit zunehmendem Gehirnvolumen und dementsprechend höherer Intelligenz der ‚homo sapiens' und mit der entstandenen Fähigkeit, sein Selbstbild zu erkennen, schließlich der ‚homo sapiens sapiens' hervorgegangen war, haben Menschen die Welt umgekrempelt. Anfangs entstanden Welt- und Selbstbilder, deren Prägung vor allem noch durch die in der Natur jeweils vorgefundenen lebenstauglichen Gegebenheiten erfolgte. So hat beispielsweise die vom Wasser des Nil ermöglichte Landwirtschaft das ursprüngliche Weltbild der Ägypter geprägt und seinen Niederschlag in ihrer kollektiven Identität gefunden. Nach und nach hat das Vorstellungsvermögen der Menschen und dessen Verankerung in den Identitäten immer anspruchsvollere Welt- und Selbstbilder hervorgebracht.

Für die Entstehung des in den individuellen Identitäten verankerten Welt- und Selbstbilds des Menschen der heutigen westlich-abendländischen Welt waren vor allem die denkerisch gewonnenen Erkenntnisse in der griechischen Antike und während des frühen Christentums von ausschlaggebender Bedeutung. Ins Zentrum des neuzeitlichen Weltbilds rückten der Mensch als Individuum und seine als unveräußerlich angesehenen Rechte. *Charles Taylor* hat in seiner Studie „Quellen des Selbst. Die Entstehung der neuzeitlichen Identität" die geistige Entwicklung zu unserem heutigen Welt- und Selbstbild detailliert nachgezeichnet. Nachdem das immer breitere Kreise beeindruckende und überzeugende Ergebnis des Denkens seinen Niederschlag in den Identitäten der Menschen des europäisch-westlichen Kulturraums gefunden hatte, entstand schließlich die Kraft für eine Ver-

22 Kindheit und Gesellschaft, S. 107.

wirklichung, wie sie in der amerikanischen Declaration of Rights von 1776 und in der Französischen Revolution von 1789 ihren Ausdruck gefunden hat und den Grundbestandteil der Identitäten des zum westlichen Kulturkreis gehörenden Menschen bilden konnte. Zugleich entstand die Epoche demokratischer Nationalstaaten, deren wesentlicher Zweck es war, das neuzeitliche Menschenbild in reale Lebenswirklichkeit umzusetzen.

Die entstandenen Nationalstaaten wurden mit Mitteln und Institutionen ausgestattet, um die Verbesserung der Lebensqualität nunmehr aller Angehörigen des gemeinsamen Hauses der neuen Nationalstaaten zu ermöglichen. Waren in Not geratene Menschen in ihrer großen Mehrheit in vor-nationaler Zeit auf den Familienverband oder das kirchliche Armenwesen angewiesen, wurden jetzt staatliche Sozialversicherungen eingerichtet. Zu den nunmehr staatlichen Leistungen der Neuzeit gehörte auch die Einrichtung eines nicht mehr überwiegend vom Interesse des Landesherrschers und der damit verbundenen Willkür abhängigen *Polizei- und Gerichtswesens*. Gerichte waren jetzt auch dazu da, individuelle Rechte durchzusetzen. Zu den neuen Staatsleistungen gehörte jetzt auch der Bereich der Bildung und insbesondere die Volksschule. In vor-nationalstaatlicher Zeit hatte der Bereich der Schulen und die Pflege höherer Bildung in erster Linie zum Aufgabenbereich der *Kirchen und Klöster* gehört. Nach ihrer Entstehung als demokratische Gemeinwesen übernahmen diese weitgehend den Schul- und Bildungsbereich, gründeten neue Universitäten und richteten Forschungsanstalten ein.

Mit dem Entstehen des modernen Selbstbilds des Menschen wurden die Nationalstaaten zu Volkswirtschaften, die nun die für die Befriedigung des Bedarfs der (gesamten) Bevölkerung notwendigen Leistungen zu erbringen hatten. Wurde dieser Bedarf bis anhin vor allem nur für eine Oberschicht und im Wesentlichen nur von Handwerksbetrieben gedeckt, wurde jetzt eine leistungsfähige Industrie benötigt und errichtet.

Man kann sich heute kaum noch vorstellen, welche Veränderung und im Prinzip Verbesserung der Lebensqualität die Menschen durch Verwirklichung der in ihren Identitäten verankerten Bedürfnisse und Vorstellungen zumindest in den westlich geprägten Ländern der Welt erfahren haben, und zwar durch die ihnen nun mögliche Mitbestimmung bei den von Staaten und deren Volkswirtschaften zu erbringenden Leistungen. Diese Leistungen sind vielerorts zu Selbstverständlichkeiten geworden, was uns erst dann ins Bewusstsein kommt, wenn sie wegen Naturkatastrophen oder wegen Staatsversagens nicht mehr bereitgestellt werden.

Um ein realistisches und unvoreingenommenes Bild der Bedeutung von menschlicher Identität zu vermitteln, müssen der Eigenschaft von Identität als Lebenshilfe allerdings auch die Risiken gegenübergestellt werden, die mit ihrem Vorhandensein verbunden sind. Auch Vorurteile und Aberglauben können in der menschlichen Seele einen Platz finden und können Menschen veranlassen, ihnen zu folgen. Der Mensch wurde mit der bei ihm entstehenden Identität ein riskiertes Lebewesen. Die zu seiner Konstitution gehörende Befähigung, die seiner identitätsverankerten Orientierung entsprechende Kraft zu mobilisieren, kann sowohl den einzelnen Menschen als auch ein menschliches Kollektiv in die Irre führen.

Ein Beispiel dieses Falles lieferte die Tragödie Ruandas von 1994. Dort lebten die mit ca. 85 Prozent die Bevölkerungsmehrheit bildenden, vorwiegend Ackerbau betreibenden und Bantu sprechenden Hutu zwar schon seit vielen Generationen auf engstem Raum zusammen mit den hauptsächlich Viehzucht treibenden, eine nilotische Sprache sprechenden Tutsi, die knapp 15 Prozent der Gesamtbevölkerung Ruandas ausmachten. Eine soziale oder politisch-gesellschaftliche Integration hatte aber offenbar nie stattgefunden, und eine gemeinsame kollektive Identität hatte sich daher nicht entwickeln können. Die Identitäten der beiden Teilkollektive wurden nahezu ausschließlich von ihrem jeweiligen ethnischen Merkmal gebildet. Aus nichtigem Anlass konnten sich die Hutu in ihrer Identität bedroht fühlen und zu blinder Gewalt gegen die Tutsi greifen. So kam es zu einem Völkermord mit nahezu einer Million Todesopfern aufseiten der Tutsi.

Das Beispiel des Völkermords von Ruanda bildete keinen Einzelfall. Der indische Wissenschaftler und Nobelpreisträger *Amartya Sen* erinnert in seinem Buch „Identity and Violence" an die Hunderttausende von Toten bei den blutigen Auseinandersetzungen zwischen Hindus und Muslimen im Indien der 1940er Jahre, deren Zeuge er war. Eine „Erklärung" für die Entgleisung menschlichen Verhaltens zu kollektiver Raserei kann man in diesen Fällen darin sehen, dass für die beiden Gruppen von Angehörigen des staatlichen Kollektivs jeweils ein einziger (teil-)kollektiver Identitätsbestandteil von *dominanter* Bedeutung war und sich das Selbstbild auf ein einziges Merkmal beschränkte. Eine solche Einseitigkeit kann entstehen, wenn Menschen unter *kastenförmigen* Bedingungen aufwachsen, hermetisch gegen die Außenwelt abgeschirmt sind und bei ihnen eine wie auch immer entstandene vollkommen einseitige, hauptsächlich von *einem* Bestandteil gestiftete Identität entstanden ist. Schon kleinste Störungen ihrer Identitäten werden dann auch als ganz persönliche Verunsicherung ihrer Identität und als Gefahr empfunden. Unter den Bedingungen einer kastenmäßig organisierten Gesellschaft kann ein solches kastenmäßig abgegrenztes Kollektiv von verantwortungslosen Anführern dazu genutzt werden, Menschen zur Gewalt gegen die ihre Identität oft nur vermeintlich bedrohenden Feinde aufzuwiegeln.

In der Verstümmelung der menschlichen Seele vor allem durch die Einsperrung in ein Kastensystem muss man daher – so *Amartya Sen* – den Hauptgrund für die blutigen Gewalttätigkeiten in Ruanda oder in Indien sehen. Analoges gilt jedoch überall, wo Menschen unter Apartheit-Bedingungen zur Bildung abgeschotteter Identitäten gezwungen werden. Unter diesen Bedingungen können Menschen aus geringstem Anlass in panische Angst geraten, sich ihrer Identität nicht mehr vergewissern zu können, so dass sie bereit sind, zu äußerster Gewalt zu greifen.

In seinem Buch „Identity and Violence" schreibt *Amartya Sen*: „Violence is promoted by the cultivation of a sense of inevitability about some allegedly unique – often belligerent – identity that we are supposed to have and which apparently makes extensive demands on us (sometimes of a most disagreeable kind). The imposition of an allegedly unique identity is often a crucial component of the ‚martial art' of fomenting sectarian confrontation."[23]

Auch in der europäischen Geschichte gibt es Beispiele für die Entfesselung von Gewalt als Folge der Verunsicherung einer auf ein dominantes einzelnes Merkmal beschränkten Identität. Das europäische Abendland als kulturell integrierter Raum war im hohen Mittelalter von tiefer christlicher Gläubigkeit geprägt. Die Menschen besaßen mit ihrer Frömmigkeit eine Identität, die sie nicht nur zu den großen kulturellen Leistungen des Glaubens, sondern auch zu den gewaltigen Kraftanstrengungen der mittelalterlichen Kreuzzüge befähigte. Als dann durch *Martin Luther* und andere Reformatoren die Tragfähigkeit der damaligen christlichen Kollektividentität in Frage gestellt wurde und die Möglichkeit, sich der bisher gemeinsamen kollektiven Identität zu vergewissern, nicht mehr vorhanden war, endeten die Versuche, diese Einheit und die frühere Selbstgewissheit wiederherzustellen, in Krieg und Blutvergießen.

Während das Fehlen der Kraft einer tragfähigen Kollektividentität in den gezeigten Fällen katastrophale Folgen hatte, kann auch allein schon die Befürchtung, die Kraft einer bisher tragfähigen kollektiven Identität könne verlorengehen, fatale Folgen haben. Eine solche Befürchtung kann zur Verunsicherung und Beunruhigung der Bevölkerung führen und eine ernste Beeinträchtigung ihres Wohlbefindens zur Folge haben. Das kann politisch bedenkliche Entwicklungen auslösen, die am Ende das Befürchtete Wirklichkeit werden lassen. Auch im Fall eines demokratischen Nationalstaats mit einer bis anhin tragfähigen nationalen Identität ist dieser Fall nicht ausgeschlossen, wenn Anzeichen vorliegen oder auch nur vorzuliegen scheinen, dass die vorhandene Tragfähigkeit einer Identität in Frage gestellt wird und dadurch die für den Fortbestand des Kollektivs notwendige Kraft verlorenzugehen droht. Für die USA hat der amerikanische Politologe *Samuel Huntington* (1927–2009) das Entstehen

23 S. XIII.

einer solchen Situation befürchtet und seiner Sorge in einer umfangreichen Studie „Who are we. Die Krise der amerikanischen Identität" Ausdruck verliehen.

Huntington beschreibt die bisher tragfähige US-amerikanische Identität als Ergebnis eines Verschmelzungsprozesses der von den Einwanderern aus England und Nordeuropa mitgebrachten Identitäten mit den aus den Erlebnissen als Siedler entstandenen neuen Identitätsbestandteilen. Die Schlüsselelemente dessen, was die große Mehrheit der amerikanischen Bürger auch heute noch als ihre Identität empfinde und was oft als das *amerikanische Credo* bezeichnet werde, seien die englische Sprache, das Christentum, religiöses Engagement, englische Vorstellungen von Rechtsstaatlichkeit und Individualrechten, ferner die Werte der protestantischen Dissidenten, ihr Individualismus, ihre Arbeitsmoral und ihre Überzeugung, dass der Mensch die Fähigkeiten und die Pflicht habe, einen Himmel auf Erden, eine ‚Stadt auf dem Berg', zu schaffen. Rasse und Ethnizität spielten, so *Huntington,* heute hingegen kaum noch eine Rolle; die Amerikaner betrachteten sich als eine multiethnische, multirassische Gesellschaft. Bemerkenswerterweise sah *Huntington* den Rassismus als einen im Wesentlichen erfolgreich verdrängten amerikanischen Identitätsbestandteil an.

Die Infragestellung dieses amerikanischen Credos erfolgte laut *Huntington* durch große Teile der amerikanischen Eliten. Durch ihren Einfluss auf den Gesetzgebungsprozess hätten sie den Rassismus gewissermaßen durch die Hintertür wiedereingeführt. Die Stärkung rassischer Identitätsbestandteile sei unter dem Deckmantel einer Art kollektiver Wiedergutmachung früherer Diskriminierung durch *Bevorzugung* der schwarzen Bevölkerung mittels Vorschriften der sogenannten *Affirmative Action* erfolgt. Mit Hilfe dieser Vorschriften sollten Amerikaner schwarzer Hautfarbe und Angehörige von bestimmten anderen Minderheiten generell Vorrang auch vor höher Qualifizierten nichtschwarzer Hautfarbe, z.B. bei der Zulassung zu Hochschulen oder bei Stellenbewerbungen, erhalten.

Auch durch die von den Eliten geförderte *Mehrsprachigkeit* sei gegen grundlegende Bestandteile der im Lauf der vorangegangenen Jahrhunderte entstandenen amerikanischen Identität verstoßen worden. Die *englische* Sprache sei ein zentraler Bestandteil dieser Identität gewesen. Das Vordringen des Spanischen sei von großen Teilen der amerikanischen Eliten nicht nur als unausweichlich angesichts unaufhaltsam erscheinender Immigration speziell aus Mexiko angesehen worden, sondern auch als Teil einer *wünschbaren* Entwicklung in Richtung auf einen multikulturell zusammengesetzten Staat. Auf den Einfluss der Eliten führte *Huntington* es auch zurück, dass aus den Schulbüchern und den Lehrplänen der Colleges mehr und mehr die Darstellung der amerikanischen *Geschichte* verschwunden sei. Nicht ohne Sarkasmus beschreibt *Huntington* eine Entwicklung, die dahin gehe, „die Amerikaner von ihrem sündigen europäischen Erbe zu befreien und ihnen erlösende Infusionen aus nichtwestlichen Kulturen zu verabreichen."[24] Durch Volksbegehren auf kommunaler und einzelstaatlicher Ebene seien allerdings viele dieser von *Huntington* so genannten „Angriffe der Dekonstruktionisten auf das amerikanische Credo, auf die Priorität des Englischen und auf die Leitkultur" abgewehrt worden.[25]

Auch wenn die von *Huntington* kritisierten Vorschriften der Affirmative Action inzwischen von den Gerichten wieder teilweise zurückgenommen wurden, geht die von manchen Teilen der Eliten begrüßte und geförderte Entwicklung zur Zweisprachigkeit bisher nahezu ungebremst weiter. Dieser Entwicklung liegt vor allem die massenhaft fortgesetzte Immigration von sogenannten Hispanos, d.h. vor allem von Mexikanern, zugrunde. Da die Immigration schwerpunktmäßig in jene Gebiete im Südwesten der USA erfolgt, die nach dem von Mexiko verlorenen Krieg (1845–1848) ein Teil der USA wurden, beläuft sich dort der Anteil der Spanisch sprechenden Bevölkerung teilweise auf mehr als ein Drittel und hat steigende Tendenz. Da die mexikanischen Immigranten und ihre Nachkommen in der Regel nicht bereit

24 Who are we?, S. 224.

25 Siehe ebd. S. 225.

sind, ihre Identität als Mexikaner zu verleugnen und sich zumindest sprachlich zu integrieren, ist der verlorene Krieg noch immer eine offene Wunde in fast jeder mexikanischen Seele. (Im erwähnten Krieg war es den Amerikanern gelungen, mit nur ein paar wenigen Truppen Mexiko zu zwingen, nahezu die *Hälfte* seines Staatsgebiets an die USA abzutreten.)

Es kann hier dahingestellt bleiben, ob die Befürchtungen *Huntingtons*, was die amerikanische Identität betrifft, zu Recht bestanden haben und vielleicht noch immer bestehen. Die Tragfähigkeit der US-amerikanischen Kollektividentität ist ohne Frage auf vielfältige Weise verankert. Das oben beschriebene Treuegelöbnis zur amerikanischen Flagge bildet nur einen unter vielen Ankern. *Huntington* hat jedoch zu Recht auf die entscheidende Rolle hingewiesen, die einer Elite im Hinblick nicht nur auf die Entstehung von Identität, sondern auch im Hinblick auf den Fortbestand ihrer Tragfähigkeit zukommt. Ohne Koordination und Führung durch eine in das Kollektiv eingebundene und sich mit der Gesamtbevölkerung identifizierende Elite ist die Tragfähigkeit einer kollektiven Identität nicht dauerhaft gewährleistet.

Hat die maßgebende Oberschicht eines Gemeinwesens ein anderes Selbstbild als die übrige Bevölkerung ihres Kollektivs und will oder kann sie daher nicht die ihr zukommende Rolle von Koordination und Führung wahrnehmen, kann sich die von Identitäten mobilisierbare Kraft auch in destruktive Gewalt verwandeln. Beispiele dafür lieferten in jüngster Zeit die Geschehnisse im Nahen Osten, in Afrika oder in Asien. Die Menschen in diesen Ländern machen sich durch die modernen Kommunikationsmittel ein Bild der westlichen demokratischen Kultur, wenn auch oft nur ein geschöntes. Mit oft destruktiver Gewalt kann in einem solchen Fall eine Bevölkerung versuchen, sich von ihrer bisherigen Bevormundung zu befreien und ein eigenes Selbstbild zu verwirklichen. Doch nur wenn es ihr gelingt, aus ihren Reihen eine neue Elite hervorzubringen, hat sie die Chance, die aufgestaute Wut über die bisherige Missachtung ihrer Identität in konstruktive Kraft zu verwandeln, um mit deren Hilfe ihr Selbstbild zu verwirklichen.

In den beiden folgenden Kapiteln sollen in der Schweiz und in Deutschland entstandene, als dominant oder als hervortretend anzusehende Identitätsbestandteile dargestellt werden, die wichtigen Akteuren dieser Länder in bedeutsamen Momenten der Geschichte Kraft zum Handeln bereitgestellt haben. Es wird zu zeigen versucht, welche Rolle diese Identitäten spielen konnten oder tatsächlich gespielt haben. Die Darstellung stützt sich auf Anhaltspunkte, die der Geschichte dieser Länder entnommen sind oder die sich aus einer unvoreingenommenen Deutung von realem Geschehen ergeben.

5

In der Schweiz entstandene Identität

Die Schweizer als Nachkommen der Alemannen – Die Allmende als Identität stiftende Besitzform – Genossenschaftscharakter der Schweizer Identität – Von tragfähiger Identität ermöglichte militärische Erfolge bei Morgarten, Sempach und gegen Karl den Kühnen – Fehlende Tragfähigkeit eidgenössischer Identität als Grund der Niederlage bei Marignano – Niklaus von Flüe – Friedrich Schillers Wilhelm Tell – 1848: Beginn der Schweiz als demokratischer Bundesstaat unter Bewahrung ihrer kollektiven Identität – Kollektive Identität als entscheidende Hilfe bei der Bewältigung der Zeit der beiden Weltkriege – K.W. Deutsch: Die Schweiz als ein paradigmatischer Fall politischer Integration – Die Besonderheit der Schweizer Elite

Die Schweiz ist der exemplarische Fall eines Landes mit einer außergewöhnlich tragfähigen Kollektividentität. Ihr Vorhandensein hat es dem Land vor allem in kritischen Momenten der Geschichte ermöglicht, die Orientierung zu behalten und der Bedrohung seiner Selbständigkeit immer wieder erfolgreich zu widerstehen. Die Entstehung der schweizerischen Identität begann mit der Einwanderung verschiedener, als Alemannen bezeichneter Völkerschaften germanischen Ursprungs in das ursprünglich von den Römern eroberte und von keltischen Helvetiern besiedelte Gebiet der Alpen. Diese Einwanderung erfolgte nach dem Abzug der römischen Legionen ungefähr seit dem 5. Jahrhundert n. Chr. Die abziehenden Römer hinterließen eine weitgehend romanisierte Bevölkerung, die sich zu ihrem Schutz in vorwiegend städtische Gebiete zurückzog. Sprache und Lebensform der Einwanderer setzten sich durch.

Die einwandernden Alemannen ließen sich vorwiegend in Gebieten nieder, die für Landwirtschaft und Waldnutzung geeignet waren. Sie bildeten lokale Gemeinschaften (teilweise als Talschaften bezeichnet), die untereinander verbunden blieben. Die Wehrhaftigkeit, die die Einwanderer aus ihrer germanischen Vergangenheit und aus der Zeit ihrer Wanderung mitgebracht hatten, blieb ihnen erhalten. Die Urbarmachung der erstmals von Menschen besiedelten Gebiete war eine große, nur in gemeinsamer Anstrengung zu bewältigende Aufgabe. Auch die nach der Urbarmachung überwiegend in Form von Almwiesen und durch Nutzung gemeinsamer Bergwälder betriebene Allmendelandwirtschaft beruhte auf einer durch gemeinsame Verantwortung sich auszeichnende Zusammenarbeit.

Das Festhalten an einer zugleich wehrhaften Kultur der Allmendelandwirtschaft über viele Jahrhunderte hinweg führte zu einer das Alltags- und Berufsleben prägenden und in den kollektiven Identitäten verankerten Lebensform. Missionare brachten den heidnischen Einwanderern das Christentum, das ebenfalls seine Verankerung in den kollektiven Identitäten erfuhr. Aus eigener Kraft haben die Siedler dieser frühen Zeit das, was zunächst ihr lokales und später nationales Gemeinwesen wurde, fast aus dem Nichts heraus geschaffen. Während anderswo in Europa und der europäisch dominierten übrigen Welt das Selbstverständnis des Bürgers als konstitutiver Bestandteil seines Kollektivs vermittels der in der Zeit der Aufklärung entstandenen gedanklichen Konstruktion des Gesellschaftsvertrags hergestellt wurde, entstand in der Schweiz *unvermittelt* ein in kollektiver Identität verankertes Bewusstsein von verantwortlichen Teilhabern ihres Gemeinwesens.

In der Schweiz wurde die Vorstellungswelt von Genossenschaftlern in die Vorstellungswelt von Teilhabern des Gemeinwesens übernommen. Daraus hervorgegangen ist insbesondere das für die Schweiz charakteristische Streben nach Konkordanz. Auch die identitätsmäßigen Voraussetzungen für die später verfassungsmäßig eingeführte direkte Demokratie wurden geschaffen. Die in den Identitäten verankerte genossenschaftliche Staatsgesinnung der Schweizer blieb eine Besonderheit, die sich für ihre Lebensbewältigung in einer topographisch schwierigen Umgebung als erfolgreich erwiesen hatte.

Neuerdings ist das im Allmendegedanken enthaltene Potential für eine nachhaltige Nutzung der Natur auch von der Wirtschaftswissenschaft entdeckt worden. Angesichts der heute drohenden Gefahr der Übernutzung der Weltmeere oder anderer irdischer Ressourcen müssten weltweite Lösungen auf der Grundlage des Allmendegedankens gefunden werden. 2009 erhielt die Amerikanerin *Elinor Ostrom* den Nobelpreis für Wirtschaftswissenschaften für ihre Untersuchungen zu den heutigen Anwendungsmöglichkeiten des Allmendegedankens.

Durch Zwingburgen und Vögte versuchte insbesondere die Dynastie der Habsburger, ihre Feudalherrschaft auch in den von den Alemannen besiedelten Gebieten durchzusetzen. Um das aber zu verhindern, haben – so die Überlieferung oder der Mythos – die im Felsenklettern geübten Bauern diese Zwingburgen immer wieder aufgebrochen und die Vögte vertrieben. Erfolgreich waren diese Bauern vor allem durch ihre Interessenverbundenheit mit der lokalen Elite. Diese war aus der Führerschaft während der Wanderung hervorgegangen, durch Handwerk und Handel wohlhabend geworden, hielt die Kontakte zur übrigen Welt aufrecht und vermittelte Söldner an europäische Fürstenhöfe. Das hat bei der Bevölkerung die als Identitätsbestandteil verankerte Einsicht gefördert, dass durch Zusammenstehen und Zusammenhalten mit der Elite ihrer Region einer fremden Obrigkeit erfolgreich Widerstand geleistet und eine selbstbestimmte Lebensform verteidigt werden kann.

Die Tragfähigkeit der aus der Zusammenarbeit hervorgegangenen genossenschaftlichen Identitäten und die Freiheit ihrer Besitzer – Freiheit aber vor allem verstanden als die Freiheit des Kollektivs – wären sicherlich nicht erhalten geblieben, hätten sie nicht immer wieder ihre Vergewisserung erfahren. Ihre vermutlich nicht erste, jedoch ihre erste spektakuläre Vergewisserung erfolgte am 15. November 1315. Als bekannt wurde, dass ein Habsburger Kontingent von Rittern sich ein Bild der örtlichen Gegebenheiten machen wollte, um Herrschaftsansprüche zu untermauern, haben sich Bauern aus Schwyz, vermutlich unterstützt durch Bauern aus Uri und Unterwalden, zum Widerstand verabredet. Es gelang ihnen, einem etwa zweieinhalbtausend Mann starken habsburgischen Kontingent aus Rittern unter der Führung des habsburgischen Herzogs *Leopold* in der sogenannten *Schlacht am Morgarten* südöstlich des Ägerisees schwerste Verluste zuzufügen. Die Habsburger gerieten in einen Hinterhalt und wurden überwältigt. Der Historiker *Volker Reinhardt* beschreibt die Folgen des Geschehens am Morgarten wie folgt: „Die Sieger selbst wie die nachfolgenden Generationen der Eidgenossenschaft sahen in dem unerwarteten Triumph der ‚Landleute' über die stolzen ‚Ritter' einen göttlichen Fingerzeig. Die jährlich und bis heute begangene Schlachtenfeier verankerte den großen Erfolg gegen einen übermächtigen Gegner tief in der kollektiven Erinnerung."[26] Ein bedeutsamer Erinnerungsort war entstanden.

Die durch den Erfolg am Morgarten gestärkten Identitäten wehrhafter Genossenschaft und die vorhandene Bereitschaft, die in Identität verankerte Selbstverantwortlichkeit zu verteidigen, erfuhr schon relativ bald eine erneute Vergewisserung. Wieder versuchten die Habsburger, diesmal mit einem größeren Aufgebot an Rittern, ihre Herrschaftsansprüche geltend zu machen. In einer Schlacht nahe bei *Sempach* wurde aber am 9. Juli 1386 ein von Herzog *Leopold III.* angeführtes Ritterheer von den Fußtruppen aus Luzern und den drei als Waldstätte bezeichneten Orten Uri, Schwyz und Unterwalden vernichtend geschlagen. Die Habsburger und die aufseiten Habsburgs kämpfenden Ritter wurden förmlich dezimiert, auch *Leopold* selber verlor sein Leben. Der Sieg der Eidgenossen wurde aus damaliger Sicht als Gottesurteil empfunden.

26 Kleine Geschichte der Schweiz, S. 19.

Die Sieger errichteten im Bewusstsein, dass Identität erinnernder Vergewisserung bedarf, am Ort des Geschehens eine noch heute zu besichtigende und gut unterhaltene Schlachtkapelle, auf deren Mauern die Namen der gefallenen adligen Gefolgsleute Leopolds verewigt wurden. Im Urteil des Historikers *Volker Reinhardt* war „nach Morgarten ein zweiter, auf einen harten Kern gegründeter Mythos geschaffen, der sich in Krisenzeiten zur Beschwörung von Einheit und Zuversicht verwenden ließ. Kein Wunder also, daß das Schlachtgedenken jeweils am 9. Juli bis heute feierlich zelebriert wird. Erinnerungsmächtig wurde der Sempach-Mythos vor allem durch die Erzählung von *Erni (Arnold) Winkelried* aus Nidwalden, der im entscheidenden Moment die feindlichen Speere in der eigenen Brust versenkte, um den Eidgenossen damit die entscheidende Gasse für ihren Vorstoß zu öffnen."[27]

Der Sieg bei Sempach und die Vergewisserung einer in tragfähiger Identität verankerten genossenschaftlich geprägten politischen Handlungsfähigkeit fand ihren schriftlichen Niederschlag im sogenannten *Sempacherbrief* von 1393. In dem sieben Jahre nach der Schlacht geschlossenen und als Sempacherbrief bezeichneten Bündnis zwischen den späteren Kantonen Zürich, Luzern, Bern, Solothurn, Zug, Uri, Schwyz, Unterwalden und Glarus wurde feierlich festgehalten, dass der Waffengang gegen Habsburg eine von Gott gerechtfertigte Rebellion gegen fremde Unterdrückung und daher heldenhafte Notwehr gewesen sei. Eine alle Seiten bindende Geschichtsdeutung wurde zum zentralen Bestandteil einer tragfähigen gemeinsamen Identität erhoben.

Diese Identität entfaltete nur wenige Jahre später erneut ihre Kraft und wurde auf noch spektakulärere Weise bestätigt. Der eitle Herzog von Burgund *Karl der Kühne* (1433–1477) wollte sich schweizerische Gebietsteile aneignen, um seine ererbten Besitzungen durch Gebietseroberungen zu einem mächtigen Königreich machen zu können. Bei diesem Versuch unterschätzte er allerdings die Fähigkeiten der von ihm als Hinterwäldler ver-

27 Die Geschichte der Schweiz, S. 83.

spotteten Eidgenossen. Sein Heer wurde am 2. März 1476 bei Grandson am Westufer des Neuenburger Sees überrumpelt und zum fluchtartigen Rückzug veranlasst. *Karl der Kühne* verlor sein gesamtes Feldlager mitsamt seinem Juwelenschatz und seinem mitgeführten Hausrat. Nach Aufstellung eines neu zusammengestellten Heeres erlitt er bei der Stadt *Murten* erneut eine Niederlage, Tausende seiner Ritter wurden erschlagen oder ertranken auf der Flucht im See. In einer weiteren Schlacht in der Nähe von Nancy verlor *Karl der Kühne* schließlich auch das eigene Leben.

Die von tragfähiger Identität ermöglichte politisch-militärische Handlungsfähigkeit und die dabei erzielten Reichtümer bewirkten jetzt allerdings nicht nur eine Vergewisserung bestehender Identitäten, sondern erzeugten in manchen Kreisen der Elite auch eine gewisse Überheblichkeit. Damals verglich niemand Geringeres als *Niccolò Machiavelli* die Schweiz mit dem alten Rom und erwartete die Eroberung ganz Italiens durch die Schweizer!

Tatsächlich erlagen Teile der Eliten vor allem aus den Kantonen Uri, Schwyz und Unterwalden der Versuchung, sich zu Herren von Mailand zu machen. Der französische König *Franz I. (1494–1547)* war jedoch nicht bereit, seine Interessen an Mailand und in Oberitalien ohne weiteres preiszugeben. Am 13. September 1515 kam es zu einer Schlacht in der Nähe von Marignano (heute Melegnano), bei der den 30.000 Schweizern ungefähr gleich viele deutsche Landsknechte im Dienste der Franzosen gegenüberstanden. Für die Eidgenossen ging diese Kraftprobe verloren.

Die Niederlage von Marignano und damit das Scheitern schweizerischer Großmachtpolitik war nicht Folge des Fehlens militärischer Potenz und lag nicht, wie oft geglaubt wurde, an der modernen Artillerie der Franzosen. Wegen ihrer militärischen Fähigkeiten galten die eidgenössischen Söldner als die besten Soldaten und waren an allen europäischen Fürstenhöfen hochbegehrt. Auch Herrschaft auszuüben war den Schweizer Eliten keineswegs fremd. An einer ganzen Reihe von Orten gab es Untertanengebiete, die der Obrigkeit von Bürgerschaften zentraler Orte unterstanden. Das waren aber in der Regel nicht eroberte fremde Gebiete, sondern wirtschaftlich abhängig gemachte Gebiete des eigenen Umlands. Für machtpolitisches Handeln fehlte es am Vorhandensein einer für ein solches Handeln notwendigerweise gesamteidgenössischen Identität. Den Kreisen, die machtpolitisch handeln wollten, fehlte also die für ein solches Handeln notwendige identitätsmäßige Orientierung und die von dieser mobilisierbare Kraft bei der übrigen Bevölkerung. Es fehlte daher die notwendige Identitätsgrundlage für Machtausübung über fremdes Territorium.

Mit Intuition begabt, hatte schon vor der Niederlage bei Marignano ein Mann namens *Niklaus von Flüe (ca. 1417–1487)* davor gewarnt, diese Einsicht zu missachten. Sein politisches Wirken war von großer Bedeutung für die Vergewisserung eidgenössischer Identitäten. Er hatte einst Haus und Hof, seine Frau und seine zehn Kinder verlassen und sich in eine Waldeinsiedelei zurückgezogen, um ein gottgefälliges Leben zu führen. Dort machte er sich aber auch Gedanken über Politik und gewann als ‚Bruder Klaus' höchstes Ansehen. Einer seiner hellsichtig ausgesprochenen Ratschläge bestand aus der Mahnung an seine Mitbürger „Steckt den Zaun nicht zu weit". Das war eine Erinnerung daran, dass genossenschaftliche Identität auch beinhaltete, auf dem Boden des konkret Machbaren zu bleiben. Seine Ratschläge waren noch in aller Ohren, als die Versuchung zur Großmachtpolitik entstanden war.

Schon bald nach dem Abenteuer von Marignano wurde mit der Reformation die Tragfähigkeit kollektiver eidgenössischer Identitäten jedoch erneut auf die Probe gestellt. Die gemeinsame christliche Religion hatte bisher die Wertegrundlage der schweizerischen genossenschaftlichen Identität gebildet. Nun wurde diese Grundlage in Frage gestellt und damit wiederum ein Grundbestandteil gemeinsamer schweizerischer Identität. Für den Zürcher Reformator *Huldrych Zwingli* (1484–1531) war die Reformation jedoch kein rein theologisches Ereignis gewesen. Sein Wirken war stets darauf ausgerichtet, dem sogenannten *Corpus Helveticum*, d.h. dem Ensemble eidgenössischer Gemeinwesen, wieder zu einer gemeinsamen Wertegrundlage und dadurch zu tragfähiger Identität zu verhelfen. *Zwinglis* Ziel, die Reformation in der ganzen Schweiz durchzusetzen, führte jedoch zum heftigen Widerstand der katholischen Kantone. So kam es zu einer Schlacht, bei der ein Militäraufgebot aus dem reformierten Zürich und eine Armee von katholischen Innerschweizern aufeinandertrafen, wobei 500 Zürcher fielen. Zu den Gefallenen gehörte auch *Zwingli*, dessen Leiche von den Siegern gevierteilt und verbrannt wurde.

Ein Auseinanderfallen der Eidgenossenschaft wurde jedoch trotz dieser Niederlage Zürichs vermieden. Die Sieger verzichteten auf eine Demütigung der Besiegten. Die das Land prägende genossenschaftliche Identität bestand erneut eine Bewährungsprobe. Um trotz konfessioneller Spaltung den Wunsch nach Zusammenbleiben zu demonstrieren, zeigte man dies auch symbolisch durch ein gemeinsames Auslöffeln einer *Milchsuppe*, die sich in einer riesigen, genau auf die Grenze der konfessionell gespaltenen Gebiete gestellten Schüssel befand.

Die Tragfähigkeit historisch gewachsener und immer wieder durch Evidenz bestätigter genossenschaftlicher Identitäten hatte der Schweiz aber nicht nur das Finden eines Modus Vivendi über konfessionelle Unterschiede hinweg ermöglicht, sie erlaubte es der Schweiz auch, noch andere Herausforderungen erfolgreich zu bestehen. So gelang es der Schweiz nicht nur, dem Dreißigjährigen Krieg fernzubleiben, sondern auch, das Land aus dem Verband des Heiligen Römischen Reiches deutscher Nation herauszulösen.

Die nächste große Herausforderung ließ allerdings nicht auf sich warten und verband sich mit dem Namen *Napoleon*. Der in Frankreich nach dem Ende *Robespierres* zur Macht aufgestiegene *Napoleon* hatte militärisch den schweizerischen Widerstand überwunden und wollte nun auch in der Schweiz seine Pläne einer imperialen Neuordnung Europas verfolgen. *Napoleon* versuchte zunächst, die Schweiz zu einer von Frankreich abhängigen Schwesterrepublik zu machen, und stülpte ihr die Verfassung eines unitarischen Nationalstaates nach dem Muster Frankreichs über. Ein solcher Staat wurde am 12. April 1798 proklamiert und als *Helvetische Republik* bezeichnet.

Die Verfassung der Helvetischen Republik wurde aber von der Bevölkerung als Provokation empfunden und abgelehnt. Die Leute sahen sich der Möglichkeit beraubt, sich ihrer Identitäten zu vergewissern, und empfanden sich als orientierungslos. *Napoleon* sah sich zum Eingreifen genötigt und diktierte eine neue Verfassung (‚Mediationsakte'), die unter anderem die Souveränität der Kantone wiederherstellte.

Als Folge der von *Napoleon* bewirkten Umwälzungen war in der Bevölkerung aber die Bereitschaft gewachsen, eine Verfassung mit einer der kantonalen Ebene übergeordneten handlungsfähigen Staatsebene zu akzeptieren. Am 12. September 1848 entstand die moderne Schweiz. Bei der zu diesem Zeitpunkt in Kraft getretenen und im Kern noch heute gültigen Bundesverfassung von 1848 und ihrer Totalrevision von 1874, als formal die direkte Demokratie eingeführt wurde, blieben die Kantone als souveräne Gemeinwesen und Inkarnation des genossenschaftlichen Prinzips gemeinsamer Herrschaftsausübung erhalten. Die Überleitung des Corpus Helveticum in eine liberale und demokratische Republik konnte allerdings nur gelingen, weil sie als vereinbar mit den vorhandenen Identitäten empfunden werden konnte. Die Tragfähigkeit der genossenschaftlichen Identitäten hatte erneut trotz eines konfessionell bedingten kurzen Bürgerkriegs (Sonderbundkrieg) die Schweiz als Gemeinschaft zusammengehalten.

Nach der Konstituierung der Schweiz als nationaler Bundesstaat kam es darauf an, die neue Bundesstaatlichkeit in den kollektiven Identitäten so fest zu verankern, dass sie als eine in zwingender geschichtlicher Logik liegende Erneuerung empfunden werden konnte. Die Tragfähigkeit der genossenschaftlichen Identitäten mitsamt der damit verbundenen Kraft zur politischen Handlungsfähigkeit sollte erhalten bleiben. Glücklicherweise konnte auf Legenden zurückgegriffen werden, die diesem Zweck dienten. *Friedrich Schiller* hat diesen Legenden mit seinem 1804 uraufgeführten Schauspiel *Wilhelm Tell* eine literarische Form gegeben. Rütlischwur und Apfelschuss waren zwar schon in einer um 1470 angelegten Chronik erwähnt worden, nachdem sie vorher wohl mündlich überliefert worden waren. Manches deutet aber darauf hin, dass diese Erzählung ursprünglich skandinavischen Quellen entstammte. Sie wurde jedoch mit einem nach langer Vergessenheit wiederentdeckten Dokument, unbestimmt datiert vom August 1291, in Verbindung gebracht. Dieses Dokument handelte von gegenseitiger Unterstützung der Orte Uri, Schwyz und Nidwalden beim Widerstand gegen äußere Bevormundung. Der 1. August 1291 wurde jetzt zum Gründungstag der Eidgenossenschaft erhoben und als Nationalfeiertag festgelegt. 1891 wurde an diesem Tag erstmals eine Jahrhundertfeier festlich begangen. Ein geschichtlich entstandener Mythos, tauglich zur Vergewisserung kollektiver Identität, hatte seine höchstmögliche Anerkennung gefunden. Der Schweiz war es gelungen, ihre nationale Geschichte „als bruchlose Anknüpfung an hehre Uranfänge zu legitimieren“ (Volker Reinhardt). Da kam es nicht darauf an, dass alles historisch genau so abgelaufen war, wie es *Schiller* dargestellt hatte. Die Verankerung der Nationalstaatlichkeit in den kollektiven Schweizer Identitäten war gelungen.

Mit dem ersten Weltkrieg wurde nun erstmals die Tragfähigkeit der Identität des jungen Nationalstaates Schweiz auf die Probe gestellt. Beim französischsprechenden Bevölkerungsteil führte die in ihren Identitäten verankerte Teilhabe an der französischen Kultur zur inneren Parteinahme für die Entente Cordiale, während der überwiegende Teil der deutschsprachigen Schweizer Sympathien vor allem für die deutsche Seite hegte. Diese Infragestellung tragfähiger Identitäten hatte große Bedeutung für die jetzt zu treffenden politischen Entscheidungen, wie z.B. als es um die Wahl eines Oberbefehlshabers für die Schweizer Armee ging. „Sie wurde zur ersten Kraftprobe zwischen den Sprachgruppen“, schreibt der Historiker *Volker Reinhardt*, „denn der Anwärter auf dieses Amt, der sechsundsechzigjährige *Ulrich Wille*, war nicht nur in den Augen der *romands* alles andere als neutral: Seine Verdienste um die Modernisierung der Schweizer Armee waren genauso unbestritten wie seine Sympathie für Deutschland. Sein Gegenkandidat *Theophil Sprecher von Bernegg*, ein Bündner Aristokrat, war ebenfalls kein Parteigänger der Entente, doch für die Westschweiz und die Sozialdemokraten aufgrund seines zivileren Auftretens akzeptabel. Doch setzte sich *Wille* im Parlament mit einer Zweidrittelmehrheit durch, was einen ersten Riss durch die Schweizer Öffentlichkeit bedeutete."[28]

Die Tragfähigkeit der Schweizer Kollektividentität wurde aber nicht nur auf die soeben gezeigte Weise bedroht. Auch soziale Spannungen hatten bedenklich zugenommen. Da die Schweiz nicht weniger als die kriegführenden Parteien von den wirtschaftlichen Folgen des Krieges betroffen war, resultierten daraus für die verschiedenen sozialen Schichten höchst unterschiedliche Folgen. Einerseits gab es die Kriegsgewinnler, andererseits war bei Kriegsende ein großer Teil der Bevölkerung auf Armenunterstützung angewiesen. Die sozialen Spannungen führten im November 1918 zu einem Generalstreik. Manche sahen darin bezeichnenderweise sogar Landesverrat. Von der Armeeführung wurde der Konflikt sogar zum inneren Krieg erklärt. So weit kam es dann allerdings nicht, da die in immer noch tragfähigen Identitäten angelegte Bereitschaft zu pragmatischen, gemeinsam gefundenen Lösungen schließlich die Oberhand behielt. Der Streik wurde bedingungslos abgebrochen. Die meisten Forderungen, die zum Generalstreik geführt hatten, wie z.B. die 48-Stunden-Woche wurden aber alsbald nachträglich erfüllt. In der Folge haben sich dann die Gewerkschaften und die Arbeitgeber darauf verständigt, in Zukunft die Höhe von Löhnen und die Arbeitsbedingungen nicht mehr durch Streik und Aussperrung zu erkämpfen, sondern am Verhandlungstisch zu vereinbaren.

Mit dem Erscheinen *Benito Mussolinis* und *Adolf Hitlers* und dem Aufkommen des italienischen Faschismus und des deutschen Nationalsozialismus stand die Schweiz, identitätsmäßig gesprochen, vor der nächsten Zerreißprobe, denn diese Ideologien fanden auch in der Schweiz ihre Anhänger. Doch *Mussolini* und *Hitler* wurden aus der Perspektive von Identität letztlich als Fremdkörper einer schweizerischen Identität empfunden. Noch bevor

28 Die Geschichte der Schweiz, S. 417.

die deutschen Truppen am 1. September 1939 Polen überfielen und damit der Zweite Weltkrieg begann, ernannte die Bundesversammlung mit Rücksicht vor allem auf die Bevölkerung der Romandie den Westschweizer *Henri Guisan* zum Oberbefehlshaber der Schweizer Armee. Dieser rechtfertigte das in ihn gesetzte Vertrauen, und es gelang ihm, auf kluge Weise an die in den Schweizer Identitäten verankerten Mythen zu erinnern: „So berief er die Truppenführer zum 25. Juli 1940 auf die Rütliwiese am Vierwaldstättersee, die mythisch überhöhte ‚Geburtsstätte' der freien Schweiz, zum Rapport. Dort hielt er eine Ansprache, die Volk und Armee [...] zum Widerstand gegen die Bedrohung durch die Achsenmächte Deutschland und Italien aufrief."[29]

Die große Mehrheit der Bevölkerung empfand die neuen Ideologien allerdings auch als unvereinbar mit ihrer spätestens seit dem Wiener Kongress von 1815 in ihren Identitäten verankerten Neutralität. Dazu schreibt der Historiker *Reinhardt*: „Bezeichnenderweise blieben alle Aufrufe, die Schweiz dem angeblich zeitgemäßen Modell post-demokratischer Machtstaatlichkeit anzupassen, ohne stärkere Resonanz. Im Gegenteil, die Tendenzen, sich der kontinentalen Hegemoniemacht Deutschland anzubiedern und anzudienen, wurden von der Öffentlichkeit scharf kritisiert. Die demokratischen Kontroll- und Korrekturmechanismen waren trotz der Einschränkungen effizient genug, um den Kurs der Politik zu korrigieren. Der Bundesrat mußte sich vor dem Parlament wegen seiner Nachgiebigkeit rechtfertigen und verbot in der Folge die pro-nationalsozialistische ‚Nationale Bewegung der Schweiz' zusammen mit der kommunistischen Partei."[30] Erneut gelang es der Schweiz durch die „bezwingende Kraft des Tell-Mythos"[31] allen äußeren Anfechtungen, die sie schließlich ihrer Eigenständigkeit beraubt hätten, zu widerstehen.

Ein hohes Maß an tragfähiger Identität ist immer auch ein Zeichen gelungener gesellschaftlicher Integration. Der in Prag geborene,

29 *Reinhardt*, Die Geschichte der Schweiz, S. 439.

30 Ebd., S. 446-

31 *Reinhardt*, Schweizer Mythen, S. 74

später in die USA emigrierte Politikwissenschaftler *Karl Wolfgang Deutsch (1912–1992)* hat seiner 1976 erschienenen soziologischen Studie den Titel gegeben: „Die Schweiz als ein paradigmatischer Fall politischer Integration". Die Genossenschaft war auch für *Deutsch* der grundlegende Identitätsbaustein der Schweiz. Daneben hat er aber auch auf eine weitere, für die Tragfähigkeit der Schweizer Identität wesentliche Besonderheit hingewiesen. Diese bestand für ihn in der ganz außergewöhnlichen Qualität der Schweizer Elite. *Deutsch* zitiert aus einer Chronik von Unterwalden über die Zeit nach der Schlacht am Morgarten: „Ein Adliger, ein Freiherr *von Attinghausen*, hatte sich in den Befreiungskämpfen ziemlich verdient gemacht; danach hatte die Gemeinde zu beraten, was mit ihm geschehen solle. Darauf beschlossen sie, er könne seinen Besitz behalten, und sie würden ihn gerne als einen Mitbürger aufnehmen und achten – wenn er aber versuchen sollte, seine Macht über das Tal als Adelsherr wiederherzustellen, dann würden sie ihn zu einem Schafhirten machen."[32] Die Erkenntnis, die *Deutsch* dieser Stelle der zitierten Chronik entnimmt, lautet: „So begrenzt im 14. Jahrhundert ein Gemeindebeschluß von Unterwalden die Machtstellung eines Mitglieds der Elite, und selbst heute, im Zeitalter der Großfirmen, Großbanken und der großen Organisationen, ist die Machtstellung aller schweizerischen Eliten jeder Art begrenzter und die freiwillige Zustimmung und Unterstützung durch das Volk wichtiger als in den meisten anderen hochentwickelten Ländern der Welt."[33] Als Antwort auf die Frage, wo denn die Schweiz eine so vorbildliche Elite herbekommen habe, verweist *Deutsch* darauf, dass unter den politischen Bedingungen der Schweiz deren Elite gelernt hatte, gemeinsame Interessen mit ihrem Volk zu erkennen. Seine Antwort führt auch hier wieder zurück zur Genossenschaftlichkeit als dem zentralen Bestandteil tragfähiger Schweizer Identität.[34]

32 Die Schweiz als ein paradigmatischer Fall, S. 54.

33 Ebd., S. 54.

34 Siehe ebd., S. 51ff.

Die Schweiz ist ein Beispiel, das zeigt, wie ein Kollektiv mit einer tragfähigen Identität auch in schwierigen Situationen politische Handlungsfähigkeit bewahren konnte. Die Schweiz war und ist nicht nur ein paradigmatischer Fall politischer Integration, sie ist auch ein Beispiel für eine gelungene Tragfähigkeit von nationaler Identität und die dadurch ermöglichte politische Handlungsfähigkeit. Eine wichtige Voraussetzung für das Entstehen dieser Tragfähigkeit bestand darin, dass die für die Prägung von Identitäten maßgebenden Faktoren im Fall der Schweizer Eliten und der übrigen Bevölkerung keine grundsätzlich unterschiedlichen Selbstbilder gestiftet hatten. Die Schweizer Eliten und die Schweizer Bevölkerung hatten nicht in unterschiedlichen Vorstellungswelten gelebt. Untereinander trug man Konflikte zwar manchmal auch mit der Waffe aus, doch überwog danach immer wieder das Bedürfnis nach genossenschaftlich unterfütterter Gemeinsamkeit. Die Kommunikation untereinander war nie dauerhaft gestört. Ganz entscheidend für die Tragfähigkeit der schweizerischen Identität war zudem die sorgsame Pflege gemeinsamer Erinnerungsorte und die damit verbundene Existenz eines nationalen Mythos, in dem sich das Kollektiv insgesamt wiedererkennen konnte.

6

Deutsche Identitäten

Bericht des Tacitus über die Germanen – Das identitätsverankerte germanische Prinzip der Gefolgschaftstreue – Die Übertragung der römischen Reichsidee – Karl der Große und die universalistische Mission der deutschen Kaiser – Martin Luther und die deutsche Weltfrömmigkeit – Dreißigjähriger Krieg – Napoleon – Versuche der Eliten, einen deutschen Nationalstaat zu errichten, und das Scheitern der Paulskirchenversammlung von 1848/49 – Die kleindeutsche Lösung: Bismarcks Reichsgründung – Thomas Mann: Betrachtungen eines Unpolitischen – Die Weimarer Republik – Die Verführung durch Adolf Hitlers Identitätsversprechen – Der Weg in die Katastrophe – Identitätssuche nach 1945: Einbindung in europäische Strukturen – Die Öffnung der Berliner Mauer 1989 – Vertrauen in das Recht

So unterschiedlich die Gründe oder Tatsachen sein können, die bei einem einzelnen Individuum zum Entstehen von Identitätsbestandteilen führen, so unterschiedlich können sie auch sein, wenn es sich um die Entstehung kollektiver Identitäten handelt. Die deutschen Identitäten erhielten eine vollkommen andere Prägung als die in der Schweiz entstandenen Identitäten, nicht nur, weil sie unter ganz anderen geographischen und topographischen Voraussetzungen entstanden sind, sondern vor allem, weil ganz andere institutionelle Bedingungen vorgelegen haben. Die in Deutschland gebildeten Identitäten haben dessen Bevölkerung zwar immer wieder zu großen geistigen und gelegentlich auch militärischen Leistungen befähigt und dem Land daher glanzvolle Epochen beschert, doch gelang es Deutschland nicht, eine tragfähige, *auf das nationale Gemeinwesen bezogene* Identität zu bilden. Im vorliegenden Kapitel soll zu zeigen versucht werden, von welchen anderen in den Identitäten verankerten Orientierungen die Deutschen beziehungsweise die deutschen Akteure bei ihrem Handeln in der Regel wohl unbewusst geleitet wurden und welche Folgen dem Fehlen einer auf das nationale Kollektiv bezogenen Identität aus Sicht des Verfassers dieser Zeilen zugeschrieben werden müssen. Gezeigt werden soll auch, aus welchen Bestandteilen die heutigen deutschen Kollektividentitäten zusammengesetzt sind.

Für die Entstehung deutscher Identitäten wurden germanische Tatsachen oder richtiger die von *Tacitus* als solche dargestellten Tatsachen von ausschlaggebender Bedeutung. Als die Römer sich für die von Germanen besiedelten Gebiete nördlich der Alpen zu interessieren begannen, um sie zu kolonisieren, fanden sie zahlreiche Volksstämme vor, an deren Spitze ein Stammesfürst stand (teilweise König genannt). In seinem, vor allem an seine Landsleute, die Römer, gerichteten Bericht aus dem Jahr 98 n. Chr. „De origine et situ Germanorum Liber", der sogenannten *Germania,* beschreibt der Schriftsteller *Cornelius Tacitus (ca. 55–115 n.Chr.)* die von den Römern als Germanen bezeichneten Bewohner dieser Gebiete (die sich selbst übrigens nicht so bezeichneten). Über die Frauen berichtet er, sie lebten „in wohlbehüteter Sittsamkeit" und es herrsche „strenge Ehezucht."[35] Über die Männer schreibt er: „Niemals, weder bei Sachen der Gemeinde noch bei eigenen, erledigen sie etwas anders als in Waffen."[36] Im Kampf seien sie halb nackt oder trügen nur einen leichten Umhang. Nur wenige hätten einen Panzer, kaum einer einen Helm oder eine Lederkappe. Komme es zur Schlacht, sei es schimpflich für das Gefolge, es dem Herrn an Tapferkeit nicht gleichzutun. Schmach und Schande lade auf sich, wer seinen Herrn überlebend aus der Schlacht zurückkehre. Heiligste Pflicht sei es, ihn

35 Germania, S. 14f.

36 Ebd., S. 11ff.

zu schützen und auch die eigenen Heldentaten ihm zum Ruhme anzurechnen.[37]

Eine Abschrift des lange verschollenen Berichts des *Tacitus* wurde im 15. Jahrhundert in einem norddeutschen Kloster entdeckt. Dort wurden auch Teile der ebenfalls von ihm erstellten *Annalen* gefunden, in denen über die verlorene Schlacht im Teutoburger Wald im Jahr 9 n. Chr., über den Untergang der römischen Legionen unter ihrem Feldherrn *Publius Quinctilius Varus* und über den Sieger, den Cherusker *Arminius (zu deutsch Hermann)*, berichtet wird.

Die von *Tacitus* beschriebene germanische Vergangenheit der Deutschen bestand aus einer offenbar verpflichtenden Lebensform, die geprägt war vom Umgang mit Waffen und einem mit Waffen ausgetragenen Wettbewerb auch der verschiedenen Stämme untereinander. Das *Gefolgschaftswesen* dürfte bestimmend für die soziale und mentale Lebenswelt der Germanen gewesen sein und dürfte als verpflichtende Lebensform in den germanischen Identitäten verankert gewesen sein. Einem Führer Gefolgschaft zu leisten dürfte der eigentliche Lebenszweck eines jeden Mannes gewesen sein. Im Unterschied zu einer auf ein nationales Gemeinwesen bezogenen kollektiven Identität enthielt die germanische Identität eine an einen Gefolgsherrn gebundene Beziehung.

Über den Ursprung der germanischen Lebensform der Gefolgschaft ist nichts überliefert. Neben der Härte des Klimas und der naturbedingten Rauheit des Siedlungsgebiets in den Wäldern im Norden Deutschlands dürften für die Germanen die Bedingungen in ihrer ursprünglichen Heimat in Asien oder Afrika und auf ihrem Weg von dort von prägender Bedeutung gewesen sein. Entscheidend dafür, dass die von *Tacitus* beschriebene germanische Lebensform für die Stiftung deutscher Identitäten maßgebend wurde, war es, dass die bei ihrer Auffindung zunächst wenig beachteten Aufzeichnungen die Deutschen veranlassten, sich mit den von *Tacitus* beschriebenen Germanen als ihren Vorfahren zu identifizieren. Es entstand im Lauf der Zeit in Deutsch-

37 Ebd., S. 6ff.

land eine breite Kreise der Bevölkerung erfassende Volkskultur, die sich an der Beschreibung des *Tacitus* orientierte. Es wird zwar vermutet, dass *Tacitus* seine Beschreibung der Germanen weniger auf eigene Beobachtungen stützte als auf Berichte von anderen Personen, die das Land wahrscheinlich besser kannten als er. Für die weitgehende Richtigkeit seiner Beschreibung spricht jedoch, dass ohne eine in den Identitäten verankerte, als verpflichtend empfundene Kultur der Gefolgschaft die Völkerwanderung der Germanen wohl kaum hätte stattfinden können.

Neben der germanischen Herkunft wurde für die Entstehung deutscher Identitäten noch eine andere historische Tatsache von grundlegender Bedeutung. Es handelt sich um die symbolische Übertragung der römischen Reichsidee aus dem (oströmischen) Mittelmeerraum auf deutsches (fränkisches) Gebiet (bezeichnet als *‚translatio imperii'* oder auch als *‚renovatio romani imperii')*. Erdacht wurde diese Übertragung wohl vor allem als Schachzug zur Stärkung päpstlicher Macht, und verkörpert wurde sie durch die Aufsetzung der Kaiserkrone auf das Haupt *Karls des Großen (747–814)* durch den Papst an Weihnachten des Jahres 800. *Karl,* ein erfolgreicher germanischer Gefolgsherr, König des Volksstamms der Franken, wurde Träger der römischen Reichsidee und damit Schutzherr der Christenheit. Sein Herrschaftsbereich wurde zum ‚Heiligen Römischen Reich', das später den Zusatz ‚deutscher Nation' erhielt.

Mit der Übertragung der Reichsidee auf einen germanischen Fürsten wurde der Grundstein gelegt für eine glanzvolle Epoche deutscher Kaiser. Das alte germanische Prinzip Herrschaft durch Gefolgschaft erhielt jetzt ein besonderes Gewicht. Die kaiserliche Herrschaft war zugleich eine Herrschaft mit einer inhaltlich universalistischen (christlichen) Orientierung. Die Identitäten der damaligen Menschen und speziell ihrer Eliten (Personal des kaiserlichen Hofes, Lehensempfänger, hohe Beamtenschaft, Ritter usw.) enthielten jetzt als wesentlichen Bestandteil, im Dienst einer christlichen Mission zu stehen. Deutsche Kaiser wurden zu Führern von Kreuzzügen nach Palästina und bestätigten insofern auch immer wieder das identitätsverankerte Bild von Gefolgsherrn. Sie kümmerten sich allerdings mehr und mehr um ihre italienischen Interessen und residierten sogar teilweise außerhalb Deutschlands. Das Reich konnte sich daher nicht zu einem weltlichen nationalen Gemeinwesen der Deutschen entwickeln. Die deutsche Bevölkerung unter dem Dach des Reiches, zu dem auch viele nichtdeutsche Bevölkerungsgruppen gehörten, konnte keine nationale Lebensform entwickeln und in ihren Identitäten verankern. Das universalistisch orientierte Reich, das sogenannte *Sacrum Imperium*, konnte kein Gehäuse werden, in dem eine tragfähige *nationale deutsche Identität* hätte entstehen können.

Konsequenterweise entwickelten sich unter dem Dach des immer schwächer werdenden Reiches *Territorialherrschaften*, die immer mehr zu territorialstaatlichen, auch den weltlichen Bedürfnissen dienenden subnationalen Gemeinwesen wurden. Es entstand der deutsche Partikularismus, und aus der Verbundenheit mit ihren jeweiligen territorialherrschaftlichen Dynastien entstanden bei den Bevölkerungen ihrer Gebiete die Identitäten der Gefolgschaft mit diesen. Um 1700 bestand das Reich aus nahezu 300 mehr oder weniger selbständigen Territorialherrschaften und dazu noch fast 1500 reichsunmittelbaren Gebieten. Wie zu germanischer Zeit gab es jetzt wieder ein Nebeneinander einer großen Zahl an Gefolgsherren. Das identitätsverankerte Prinzip Herrschaft durch Gefolgschaft war durch die Glanzzeit der Kaiser in seinem Ansehen noch erhöht worden und sicherte nun die Gefolgschaft gegenüber den territorialstaatlichen Herrschern.

Nach der vergeblichen Kraftanstrengung der Kreuzzüge und angesichts des Sittenverfalls im Bereich der Kirche waren die bisher eine gemeinsame religiöse Grundlage bildenden Identitätsbestandteile in ihrer Bindekraft stark beeinträchtigt worden. Durch seine Predigten und seine Bibelübersetzung in die deutsche Volkssprache konnte daher der Augustinermönch *Martin Luther* (1483–1547) das Entstehen ganz neuer, Orientierung gebender und Kraft mobilisierender Identitätsbestandteile bewirken. Für ihn bestand das zentrale Anliegen eines Christen darin, die richtige Antwort auf die Frage zu finden: „Wie bekomme ich einen gnädigen Gott?" *Luthers* Antwort lautete, dass dies allein durch das innere Erlebnis des Glaubens möglich sei. *Luther* hat Innerlichkeit und Frömmigkeit zu verpflichtenden Bestandteilen der deutschen Lebensform gemacht. Ihm ist es zu verdanken, dass sie unter dem Druck der damaligen Zustände zu Bestandteilen der deutschen Identität wurden. Gemäß *Luther* wird nicht die erbrachte Tat, sondern die Gesinnung von Gott belohnt. Die Gesinnung sollte nicht nur das im engeren Sinn religiöse Leben bestimmen, sondern sollte auch das weltliche Tun durchdringen, sollte Arbeit und nicht zuletzt auch das Berufsleben prägen, um gottgefällig zu sein. Für die Entstehung deutscher Identitäten wurde aber wohl vor allem ausschlaggebend, dass die von *Luther* verlangte Verinnerlichung eine Verbindung mit dem germanischen Prinzip der Gefolgschaft einging. Dadurch wandelte sich die aus der germanischen Geschichte mitgebrachte Identität der Gefolgschaft teilweise zu einer nicht nur an religiösen, sondern schlechthin an geistigen Zielen orientierten Gefolgschaft.

Durch seine Bibelübersetzung ins Deutsche hat *Martin Luther* der deutschen Sprache überdies zu einem Rang verholfen, wie er bisher nur dem Hebräischen, Griechischen und Lateinischen zukam. Er hat dadurch auch die Voraussetzungen für die spätere Entfaltung der deutschen Philosophie und Literatur geschaffen. Allerdings hat er den Deutschen den Weg zur Bildung *bürgerlicher,* auf das nationale Kollektiv bezogener Identitäten blockiert. *Luther* sah sich nicht als Befreier der Menschen vom weltlichen Untertanentum, sondern als Befreier von seelischer Not. Man hat *Luthers* Kampf um die Vertiefung und Verlebendigung der Frömmigkeit in Deutschland wohl zu Recht als das Gegenstück zur „politischen Reformation" in Frankreich und England bezeichnet. Als Folge seines Politikverständnisses hat *Luther* den deutschen Bauernaufstand von 1525 verurteilt und dazu beigetragen, dass durch die später erfolgte Verbindung des kirchlichen Oberhaupts mit der jeweiligen territorialen Herrschaft gemäß der im Augsburger Religionsfrieden festgelegten Formel „cuius regio, eius religio" (wessen die Herrschaft, dessen der Glaube) die Gefolgschaft mit dem jeweiligen politischen Gefolgsherrn moralisch-religiös untermauert und die Entstehung bürgerlichen Selbstbewusstseins und nationaler Kollektividentität behindert wurde.

Die Reformation hat durch die Aufsplitterung des vorher einheitlichen Glaubens einer Vielzahl von Dynastien die Möglichkeit eröffnet, diese Situation zur eigenen Machtmehrung auszunutzen. Dadurch und nicht zuletzt wegen der von der Habsburger Dynastie wahrgenommenen Rolle als Hüterin der alten Glaubenseinheit und deren Verbindung mit eigenen Staatsinteressen konnte der Dreißigjährige Krieg (1618–1648) entstehen. Man kann diesen Krieg auch als eine Folge des Nichtvorhandenseins einer tragfähigen nationalen Identität ansehen.

Am Ende dieses Krieges war Deutschland weitgehend verwüstet und zu einem armen Land geworden. Der Historiker *Heinrich August Winkler* beschreibt in seiner Geschichte des Westens die durch diesen Krieg entstandene Lage wie folgt: „In der Erinnerung der Deutschen lebte der Dreißigjährige Krieg Jahrhunderte lang als die nationale Katastrophe schlechthin fort. [...] Kriegsgreuel, Massensterben und Entbehrungen bewirkten bei den Überlebenden eine verstärkte Wendung nach innen: eine erneuerte Laienfrömmigkeit, die im evangelischen Deutschland dem Pietismus [...] den Boden bereitete."[38] Jedoch: „Was die Untertanen an innerer Freiheit gewannen, bezahlten sie mit noch mehr Unterordnung unter die weltlichen Obrigkeiten. Diese fanden ihre zuverlässigste Stütze ihrer Herrschaft fortan in einer tiefsitzenden, ja traumatischen Angst, die man wohl als das bleibende Ergebnis des Dreißigjährigen Krieges in Deutschland nennen kann: der Angst vor dem Zusammenbruch aller gewohnten Ordnung, vor Chaos und fremder Soldateska, vor Bruder- und Bürgerkrieg, vor der Apokalypse."[39]

Die Katastrophe vom Ausmaß des Dreißigjährigen Krieges hat langfristig fortschrittslähmende kollektive Identitätsbestandteile entstehen lassen. Neben einem Schutz bietenden Festhalten an

38 Geschichte des Westens. Von den Anfängen in der Antike bis zum 20. Jahrhundert, S. 122.

39 Ebd., S. 122f.

bestehenden Identitäten dürfte vor allem die Dezimierung des Bürgertums und eine auf das Wirken *Luthers* zurückgehende Flucht in politikferne Innerlichkeit zur Folge gehabt haben, dass die Epoche der *Aufklärung* in Deutschland keinen durchschlagenden Einfluss gewinnen konnte. Während sich in den anderen Ländern Europas, allen voran England und Frankreich, die Menschen von vielen Fesseln geistiger Unmündigkeit befreien konnten und die Entstehung bürgerlicher Identitäten die Voraussetzung für ein nationales Selbstbild schufen, das schließlich zur amerikanischen Unabhängigkeitserklärung von 1776 und zur Französischen Revolution von 1789 führte, blieb das kollektive deutsche Selbstbild mit seinen prägenden Aspekten der Innerlichkeit und Gefolgschaftstreue weitgehend unverändert. Die Zeitepoche, in der vielleicht auch bei den Deutschen ein in ihren Identitäten verankertes nationales Bewusstsein hätte entstehen können, blieb ungenutzt. Anstatt selbst die Verantwortung für ihr Gemeinwesen zu übernehmen, blieben sie treue Untertanen ihrer jeweiligen Landesherren. Das Prinzip Herrschaft durch Gefolgschaft war bei ihnen weiterhin das maßgebende identitätsverankerte politische Prinzip. Für Deutschland war im Hinblick auf das Entstehen nationaler Identitäten das 17. Jahrhundert ein „versäumtes" Jahrhundert (*H. Plessner*).

Immerhin gelang es den brandenburgisch-preußischen Kurfürsten, wieder ein lebensfähiges Gemeinwesen aufzubauen. Unter *Friedrich II.* (dem „Großen") stieg Preußen in den Rang einer Weltmacht auf. *Friedrich II.* (1712–1786) wurde als königlicher Feldherr geradezu zum Inbegriff eines Gefolgsherrn. Nach dem Tod *Friedrichs* fehlte es Preußen aber an einem starken Gefolgsherrn als einem Nachfolger. Von *Napoleon* wurde die preußische Armee vernichtend geschlagen. Die identitätsmäßige deutsche Antwort auf *Napoleon* blieb jedoch zwiespältig. Wieder zeigte sich, dass wegen des Fehlens einer tragfähigen nationalen Identität und daher des Fehlens einer gemeinsamen Front gegen Napoleon eine nationale Katastrophe die unausweichliche Folge war.

Nach dem Sieg über Napoleon entstand die Hoffnung, der Moment für die Errichtung eines deutschen Nationalstaates sei gekommen. Der Schriftsteller und Gründungsrektor der Berliner Universität *Johann Gottfried Fichte* (1763–1814) war zuvor zum Wortführer derer geworden, die den Deutschen nach der demütigenden Niederlage gegen Napoleon wieder Mut zusprachen. Mit dem Ziel einer deutschen Republik vor Augen, versuchte er mit der Erinnerung an eine stolze germanische Vergangenheit, an *Armin* den Cherusker, aber auch an *Martin Luther,* die identitätsmäßigen Grundlagen eines deutschen Nationalstaats zu schaffen. Sein 1808 erstmals erschienenes Buch „Reden an die deutsche Nation" erlebte zahllose Auflagen. *Fichte* schrieb den Deutschen eine historische Berufung zur *geistigen* Weltherrschaft zu und begründete das damit, dass die Deutschen ein Urvolk und ihre Sprache eine Ursprache seien. Nicht weniger als *Fichte* versuchten der evangelische Theologe *Ernst Moritz Arndt (1769–1860)* und der sogenannte Turnvater *Friedrich Ludwig Jahn (1778–1852),* nationale Identität als Grundlage eines deutschen Nationalstaates zu stiften.

Auch die akademischen Burschenschaften, die im Befreiungskrieg mit der Waffe gegen Napoleon gekämpft hatten, kämpften jetzt mit Argumenten für die Errichtung eines deutschen Nationalstaates und die Entstehung nationaler Identität. Auf der Insel Helgoland dichtete *Hoffmann von Fallersleben* eine deutsche Nationalhymne, das Deutschlandlied. Am 18. Mai 1848 versammelten sich aus freien Wahlen hervorgegangene Delegierte in der Frankfurter Paulskirche, um einen Nationalstaat aus der Taufe zu heben. Es war eine Versammlung von Intellektuellen, die da zusammenkamen. Der Erfolg blieb aus. Die Bevölkerung der deutschen Einzelstaaten mit ihrer identitätsmäßig verankerten Disposition zur Gefolgschaft mit den bestehenden Dynastien fühlte sich in ihrer großen Mehrheit nach wie vor in „machtgestützter Innerlichkeit" (*Thomas Mann*) wohl. Die große Mehrheit der Bevölkerung sah keinen zwingenden Grund, die bestehenden Verhältnisse zu ändern.

Über die in den Identitäten der Eliten verankerte deutsche Befindlichkeit jener Zeit gibt es den aufschlussreichen Bericht der Baronin *de Staël-Holstein, genannt Madame de Staël,* mit dem Titel

„De l'Allemagne" (Über Deutschland). Die hochgebildete Tochter des französischen Finanzministers *Jacques Necker* und Witwe des schwedischen Botschafters in Paris führte einen im revolutionären Frankreich zu einem intellektuellen Machtzentrum gewordenen Salon. Die Autorin des Buches hatte sich ihr Wissen über Deutschland nicht nur durch Sprachstudium und Lektüre, sondern auch durch Augenschein auf ihren von dem Schriftsteller und Shakespeare-Übersetzer *August Wilhelm Schlegel* begleiteten Reisen durch Deutschland und durch zahllose Gespräche mit den damals das deutsche Geistesleben prägenden Persönlichkeiten angeeignet.

In ihrem Werk beschreibt sie, dass es in Deutschland eine kulturelle Elite gab, der das Identitätsmerkmal höchsten inneren Strebens nach geistiger Vervollkommnung zugeschrieben werden kann. Mit der vermutlich von ihr geprägten Formel von den Deutschen als einem *Volk der Dichter und Denker* vermittelte sie ein äußerst wohlwollendes Bild des von Deutschen erbrachten Beitrags zur menschlichen Kultur. Sie besaß große Bewunderung für die in der deutschen Kultur angelegte Tiefe des Empfindens. *Goethes* „Faust" nennt sie allerdings das Resultat der Verirrung des Verstandes.[40]

So vorteilhaft das Bild war, das sie von der geistigen Elite Deutschlands zeichnete, so wenig schmeichelhaft war allerdings das, was sie Deutschland als Nation und seiner Identität zuschrieb: „Dem Reiche fehlte es an einem gemeinschaftlichen Mittelpunkt der Aufklärung und des Gemeingeistes. Es bildete keine zusammenhängende Nation, dem Bündel fehlte das Band. [...] Die Deutschen sind Sachsen, Preußen, Bayern, Österreicher; aber der germanische Charakter, welcher die Stärke aller einzelnen begründen sollte, ist zerstückelt, wie das Land selbst, was so verschiedene Herren zählt. [...] Es gibt keine große Vaterlandsliebe in einem seit mehreren Jahrhunderten geteilten Reich, wo Deutsche gegen Deutsche zu Felde zogen, meistens um einem Antriebe von außen Folge zu leisten; der Ruhmbegierde mangelt es an

40 Über Deutschland, S. 385.

Lebhaftigkeit, wo es an einem Mittelpunkt, an einer Hauptstadt, an Geselligkeit fehlt."[41]

Der von *Madame de Staël* bewunderte deutsche Idealismus war nicht geeignet, eine tragfähige nationale Identität in breiten Kreisen der Bevölkerung zu begründen. *Goethe* schrieb dazu einmal: „Die literarische Epoche, in der ich geboren bin, entwickelte sich aus der vorhergehenden durch Widerspruch. Deutschland, solange von auswärtigen Völkern überschwemmt, von anderen Nationen durchdrungen, in gelehrten und diplomatischen Verhandlungen an fremde Sprachen gewiesen, konnte seine eigene unmöglich ausbilden [...] Der Deutsche, seit beinahe zwei Jahrhunderten in einem unglücklichen, tumultartigen Zustande verwildert, begab sich bei den Franzosen in die Schule, um lebensartig zu werden, und bei den Römern, um sich würdig auszudrücken."[42] *Goethe* blieb „dem patriarchalischen Regime der deutschen Duodezfürsten innerlich verbunden und glaubte nicht an einen deutschen Nationalstaat.

Der Entstehung eines deutschen Nationalstaates und tragfähiger nationaler Identitäten stellten sich nach dem glanzlosen Ende *Napoleons* auch noch andere als die historisch entstandenen Hindernisse in den Weg. Auf dem Wiener Kongress von 1815, der nach dem Ende *Napoleons* eine neue Staatenordnung und auch die Bedingungen für die Entstehung einer tragfähigen nationalen deutschen Kollektividentität hätte herbeiführen können, konnten die Kräfte der alten Ordnung ihr machtpolitisches Interesse an der Wiederherstellung des früheren Gleichgewichts durchsetzen. Nicht nur die Identitäten einer nationalen Gesinnung, sondern überhaupt liberales Gedankengut galten als bedrohlich. Unter maßgeblichem Einfluss des österreichischen Staatsministers Fürst *Metternich* wurden Maßnahmen beschlossen („Karlsbader Beschlüsse"), die jede Manifestation einer Suche nach nationaler Identität und bürgerlicher Freiheit unter Strafe stellten. Vor

41 Ebd., S. 26f. und S. 34.

42 Goethes Werke, Neunter Teil, Dichtung und Wahrheit S. 220f.

allem in Preußen wurden die Repressionsbeschlüsse, d.h. insbesondere die Zensur, mit peinlicher Perfektion durchgesetzt.

Hellsichtig hat der Schriftsteller *Heinrich Heine* die Politik, die die Entstehung eines liberalen deutschen Nationalstaates und ihn tragender Identitäten verhinderte, nicht nur als ein großes Ärgernis empfunden. Er befürchtete auch großes Unheil, das dieser Politik innewohnte. In Erwartung einer Revolution auch in Deutschland gab er den Franzosen die Empfehlung, nicht über den Rat eines Träumers zu lächeln, der sie vor Kantianern, Fichteanern und Naturphilosophen warne und der im Reiche der Erscheinungen dieselbe Revolution erwarte, die in Frankreich auf dem Gebiet des Geistes schon stattgefunden habe. Denn, so schreibt er: „Der Gedanke geht der Tat voraus, wie der Blitz dem Donner. Der deutsche Donner ist freilich auch ein Deutscher, und ist nicht sehr gelenkig, und kommt etwas langsam herangerollt; aber kommen wird er, und wenn ihr es einst krachen hört, wie es noch niemals in der Weltgeschichte gekracht hat, so wisset: der deutsche Donner hat endlich sein Ziel erreicht. Bei diesem Geräusche werden die Adler aus der Luft todt niederfallen, und die Löwen in der fernsten Wüste Afrikas werden die Schwänze einkneifen und sich in ihren königlichen Höhlen verkriechen. Es wird ein Stück aufgeführt werden in Deutschland, wogegen die Französische Revolution nur wie eine harmlose Idylle erscheinen möchte."[43]

Obwohl er den Begriff Identität, wie er heute verwendet wird, noch nicht kennen konnte, hatte *Heine* die verborgene Kraft von Identität der Sache nach zutreffend erfasst. Er hat erkannt, wie sie entsteht und unter welchen Voraussetzungen diese Kraft zur Entfaltung kommt. Für ihn gehörte zu diesen Voraussetzungen, dass zuerst das Denken befreit werden musste. Nach der Befreiung des Denkens, die von *Heine* vor allem *Martin Luther* und der deutschen Philosophie zugeschrieben wurde, erwartete er den Wunsch nach Befreiung von dem in den deutschen Identitäten verankerten Gefühl der Demütigung. Die Demütigung durch die

43 Heinrich Heine's Sämmtliche Werke, fünfter Band, S. 267f.

Behörden der *Metternich*-Ära war für ihn die Fortsetzung der Demütigung, die den Deutschen im Lauf der vorangegangenen Geschichte von fremden Mächten zugefügt worden war. Als Reaktion darauf erwartete er den von ihm angekündigten deutschen Donner.

Nach dem Scheitern der Frankfurter Nationalversammlung von 1848/49 (Zusammenkunft von ca. 600 aus freien Wahlen hervorgegangenen Delegierten in der Frankfurter Paulskirche) und der vor allem von ‚Gebildeten' unternommenen Versuche, einen deutschen Nationalstaat zu errichten, gelang es *Otto von Bismarck (1815–1898),* einen wenn auch nur kleindeutschen Nationalstaat entstehen zu lassen. Das Zeitalter der Nationalstaaten hatte begonnen, und *Bismarck* besaß die staatsmännische Einsicht, dass die deutschen Kleinstaaten unter einem nationalstaatlichen Dach zusammengefasst werden sollten, um sie zukunftsfähig zu machen. *Bismarcks* Staat, das ‚Deutsche Reich', war ein Bundesstaat, bestehend aus 25 Einzelstaaten (vier Königreichen, darunter Preußen, sechs Großherzogtümern, fünf Herzogtümern, sieben Fürstentümern und drei Freien Städten, den früheren Hansestädten Hamburg, Bremen und Lübeck).

So diplomatisch-genial die *Bismarcksche* Reichsgründung von 1871 auch war, aus der Perspektive von Identität fehlte ihr eine als wesentlich vorauszusetzende tragfähige nationale Identität. *Bismarcks* Staat hatte aus der Perspektive von nationaler, auf das deutsche Gemeinwesen bezogener Identität mehrere gravierende Mängel. Ein erster solcher bestand darin, dass dieser Staat keine erkämpfte Leistung seiner Bevölkerung war. Die Qualität eines in tragfähigen Identitäten verankerten Erinnerungsortes hat die *Bismarcksche* Reichsgründung daher nicht erlangen können. Bezeichnenderweise haben ihr die Herausgeber des 2001 erschienenen dreibändigen Werks „Deutsche Erinnerungsorte" kein eigenes Kapitel gewidmet!

Ein zweiter Mangel des *Bismarckschen* Reiches bestand natürlich darin, nur eine *kleindeutsche* Lösung gewesen zu sein. Der Habsburger Staat blieb ausgeschlossen. Gegenüber der kleindeutschen Lösung gab es bei all jenen Bürgern große Vorbehalte, die am

Ziel eines *alle* Deutschen umfassenden Nationalstaats festhielten. Ein damit zusammenhängender Schönheitsfehler war der ausgesprochen preußische Charakter des *Bismarckschen* Reiches. Viele Bürger vor allem der süddeutschen Staaten hatten Mühe, sich mit diesem zu identifizieren. Das war natürlich auch eine Folge des im Vergleich zu anderen Staaten *späten* Zeitpunkts für das Entstehen eines deutschen Nationalstaats. 1815 wäre die Bereitschaft der süddeutschen Bevölkerung, sich mit diesem deutschen Staat zu identifizieren, wohl noch eher vorhanden gewesen. Die Genugtuung angesichts des soeben errungenen Sieges über *Napoleon* hätte vielleicht zu einem gemeinsamen Identitätsbestandteil werden können. Die Lebensstile der süddeutschen und der preußischen Bevölkerung wären noch nicht so verschieden gewesen, wie sie es 1871 waren. Preußen hatte sich zum modernsten der deutschen Einzelstaaten entwickelt und die süddeutschen Länder hinter sich gelassen.

Ein weiterer Mangel des von Bismarck errichteten Deutschen Reiches hinsichtlich der Stiftung tragfähiger deutscher Kollektividentität wurde der im Namen des Reiches von *Bismarck* gegen den Katholizismus geführte *Kulturkampf*. Als Folge dieses Kulturkampfs war die Bereitschaft der katholischen Bevölkerung, sich mit seinem Staat zu identifizieren, natürlich gering. „Auch nach der Milderung oder Rücknahme der meisten Kulturkampfgesetze in den achtziger Jahren wirkten die Verletzungen nach, die Staat und Liberalismus den Katholiken durch Verfemung und Unterdrückung zugefügt hatten: Der Vorwurf der nationalen Unzuverlässigkeit und der Reichsfeindschaft hinterließ bleibende Spuren."[44]

Ein weiteres Hindernis für die Entstehung einer nationalen Kollektividentität bildeten *Bismarcks* Sozialistengesetze. Ausgelöst durch zwei Attentate auf den deutschen Kaiser, suchte *Bismarck* eine Generalabrechnung mit dem Sozialismus. Durch ein „Gesetz gegen die gemeingefährlichen Bestrebungen der Sozial-

44 *Winkler*, Geschichte des Westens. Von den Anfängen in der Antike bis zum 20. Jahrhundert, S. 838.

demokratie" konnten sozialdemokratische Vereine, Versammlungen oder Druckschriften verboten und sozialdemokratische „Agitatoren" ausgewiesen werden.

Der größte Mangel des von *Bismarck* geschaffenen Staates bestand jedoch darin, eine Revitalisierung des in den Identitäten immer noch vorhandenen Prinzips Herrschaft durch *Gefolgschaft* gewesen zu sein. *Bismarcks* Reich war und wurde keine parlamentarische Demokratie. *Bismarck* war keinem Parlament, sondern dem Kaiser gegenüber verantwortlich. Die eigentliche Macht des Reiches lag in den Händen *Bismarcks* als dem einzigen Minister des Kaisers. Die Reichsfarben Schwarz-Weiß-Rot hatte *Bismarck* übrigens höchstpersönlich festgelegt und sich dadurch von Schwarz-Rot-Gold als den Farben der Burschenschaftler in den Befreiungskriegen gegen *Napoleon*, die auch die Farben der Paulskirchenversammlung von 1848 gewesen waren, distanziert. *Bismarck* sah sich als Gefolgsherr, und seine Reichsgründung war die Tat eines Gefolgsherrn, der Herrschaft durch Gefolgschaft ausüben wollte.

Bismarcks diplomatisch erfolgreiches Handeln als Gefolgsherr hat zwar bei großen Teilen der Bevölkerung Zustimmung gefunden, doch wurde die Zeit seiner Herrschaft nicht dafür genutzt, die in den Identitäten der Bevölkerung immer noch vorhandene Verankerung des Prinzips ‚Herrschaft durch Gefolgschaft' durch Stiftung demokratischer, auf das Gemeinwesen bezogener nationaler Identitätsbestandteile zu überformen. *Bismarck* war sich des Fehlens eines deutschen Nationalgefühls durchaus bewusst. Für ihn war das aber eine unabänderliche Tatsache. Ein Kaiser sollte daher in Erinnerung an die Glanzzeit der Kaiser des Heiligen Römischen Reiches die Spitze seines deutschen Nationalstaats bilden und nicht etwa ein vom Volk gewählter Präsident.

Der Soziologe *Max Weber* (1864–1920) bezeichnete einmal scherzhaft die Reichsgründung *Bismarcks* als einen Jugendstreich, den die Nation auf ihre alten Tage begangen habe. Implizit hat er damit aber auch gesagt, dass durch einen Jugendstreich nicht die Voraussetzungen dafür geschaffen werden können, das nationale Gehäuse in die Obhut seiner Bewohner zu übergeben und ihnen die Verantwortung für dessen Wohlergehen zu übertragen. Der bereits erwähnte Philosoph *Plessner* schrieb in seinem Buch „Die verspätete Nation“: *Bismarcks* neues Reich „appellierte nicht wie Frankreich und England an die Phantasie der Völker, an ihre Zukunftserwartung, ihren Menschheitsglauben. Es diente keinem werbenden Gedanken.“ [45]

Fehlt eine aus seelisch verankerter nationaler Identität resultierende Orientierung, dann übernehmen andere Orientierungsgeber diese Rolle. Zwei deutsche Realitäten übernahmen diese Rolle. Eine erste war wirtschaftlicher Art. Im letzten Drittel des 19. Jahrhunderts war das Deutsche Reich zur führenden Industrienation Europas aufgestiegen. Es hatte Großbritannien in dieser Rolle abgelöst und wurde weltweit nur noch von den Vereinigten Staaten von Amerika übertroffen. Die zweite Realität bestand aus den Leistungen deutscher Forscher vor allem im Bereich der Naturwissenschaften. Seit Beginn der Verleihung von Nobelpreisen im Jahr 1901 wurden in der kurzen Spanne bis zum ersten Weltkrieg fünf von 18 Physikpreisen, fünf von 14 Chemiepreisen und vier von 16 Medizinpreisen an Deutsche vergeben. Deutsch wurde zu einer weltweit benutzten wissenschaftlichen Kommunikationssprache! „Kein europäisches Land hat sich den führenden Mächten des 19. Jahrhunderts, der Wissenschaft und der Wirtschaft, mit einer so hemmungslosen Energie verschrieben wie Deutschland nach der Reichsgründung“ schrieb *Helmuth Plessner* in seinem Buch „Die verspätete Nation“[46].

Innerhalb der von den Naturwissenschaften übernommenen Rolle als Orientierungsgeber waren es vor allem die Erkenntnisse der Biologie und im Speziellen die Einsichten *Darwins* und später die Thesen der Sozialdarwinisten vom „Survival of the Fittest“, die zu deutschen Orientierungsquellen wurden. Zur Erinnerung an die germanische Herkunft wurden jetzt gewaltige Denkmäler errichtet, so oberhalb von Rüdesheim das Niederwalddenkmal zu Ehren der Germania als symbolischer Personifikation Germani-

45 Gesammelte Schriften, Band VI, S. 53.

46 Gesammelte Schriften, Band VI, S. 105.

ens oder im Teutoburger Wald das riesige Hermannsdenkmal zu Ehren des Cheruskerfürsten *Arminius*, eingeweiht am 16. August 1875 in Gegenwart Kaiser *Wilhelms I.*

Zu einer unschönen Begleiterscheinung der deutschen Orientierung entwickelte sich allerdings auch ein aus sozialdarwinistischen Vorstellungen hervorgegangener *Antisemitismus*. Es entstand neben dem althergebrachten, religiös motivierten Antisemitismus die spezifisch deutsche Form eines identitätsverankerten Antisemitismus, der wissenschaftlich begründet schien und den man wie auch der Historiker *Winkler* auf eine tiefe Unsicherheit vieler Deutscher hinsichtlich ihrer nationalen Identität zurückführen kann. Antisemitische Schriften wie „Rembrandt als Erzieher" von *Julius Langbehn*, die „Deutschen Schriften" von *Paul de Lagarde* oder das zweibändige Werk des englischen Wahldeutschen *Houston Stewart Chamberlain* fanden eine aufnahmebereite Leserschaft, zu der nicht zuletzt auch Kaiser *Wilhelm II.* (1859–1941) gehörte.

Wäre die Grundlage einer tragfähigen deutschen nationalen Identität vorhanden gewesen, wäre der erste Weltkrieg wohl vermeidbar gewesen. Es wird oft übersehen, dass in der Bevölkerung auch große Vorbehalte gegenüber einem Krieg vorhanden waren. Die Sozialdemokratie beispielsweise stimmte den Kriegskrediten nur widerwillig zu. Sie wollte nach erwartetem Sieg nicht als Partei der vaterlandslosen Gesellen im Abseits stehen und konnte sich allenfalls mit einem Krieg gegen das reaktionäre Zarenreich anfreunden.

Die am immer noch so erfolgreich erscheinenden Gefolgschaftsprinzip festhaltenden Nachfolger *Bismarcks* unter Einschluss des Kaisers hatten nicht das nötige Format und Gespür, um den neugeschaffenen deutschen Nationalstaat trotz allem ohne Schaden durch schwieriges Gewässer zu steuern. Mit *Bismarck* war „der Lotse von Bord gegangen". Durch ihre Flotten- und Kolonialpolitik wollten die Reichskanzler als seine Nachfolger sich als Gefolgsherren profilieren, erkannten aber nicht den fatalen Eindruck, den ihre Politik bei Deutschlands Nachbarstaaten hervorrief. Der Historiker *Fritz Fischer* glaubte sogar, die Politik der maßgebenden Kreise des Deutschen Reiches als Versuch eines Griffs nach der Weltmacht kennzeichnen zu können.[47]

Der mit seinem Roman „Buddenbrooks. Verfall einer Familie“ weltberühmt gewordene und dafür später mit dem Nobelpreis ausgezeichnete Schriftsteller *Thomas Mann* versuchte mit seinem während des Krieges geschriebenen, knapp vor dessen Ende 1918 erschienenen Buch „Betrachtungen eines Unpolitischen“, den 1914 entstandenen Krieg zu rechtfertigen. *Thomas Mann* war vom Kriegsdienst mit der Waffe befreit worden und wollte mit seinem Buch ersatzweise *geistigen Kriegsdienst* leisten. Für ihn war der Krieg eine unausweichliche Auseinandersetzung zwischen deutscher *Kultur* und westlicher *Zivilisation*. Er schrieb 1918: „Die Hermannsschlacht, die Kämpfe gegen den römischen Papst, Wittenberg, 1813, 1870, – das alles war nur Kinderspiel im Vergleich mit dem fürchterlichen, halsbrecherischen und im großartigsten Sinne unvernünftigen Kampf gegen die Welt-Entente der Zivilisation, den Deutschland mit einem wahrhaft germanischen Gehorsam gegen sein Schicksal – oder, um es ein wenig aktivischer auszudrücken, gegen seine Sendung, seine ewige und eingeborene Sendung auf sich genommen hat.“[48] Sein eigenes, dieser deutschen Sendung beim Schreiben seiner „Betrachtungen“ verpflichtet gefühltes, später allerdings revidiertes Selbstbild umschreibt *Thomas Mann* wie folgt: „Ich bekenne mich tief überzeugt, daß das deutsche Volk die politische Demokratie niemals wird lieben können, aus dem einfachen Grunde, weil es die Politik selbst nicht lieben kann, und daß der vielverschrieene ‚Obrigkeitsstaat‘ die dem deutschen Volke angemessene, zukömmliche und von ihm im Grunde gewollte Staatsform ist und bleibt.“[49] An anderer Stelle hatte er die „machtgeschützte Innerlichkeit“ des romantisch verträumten deutschen Bürgers daher als bewahrenswert bezeichnet.

---

47 Griff nach der Weltmacht. Die Kriegszielpolitik des kaiserlichen Deutschland 1914/1918.

48 Große kommentierte Frankfurter Ausgabe, Band 13.1, S. 57f.

49 Ebd., S. 33f.

Man kann die Haltung *Thomas Manns* auch als Ausdruck einer von Weltfremdheit zeugenden Identität ansehen, die bei einem Teil der *geistigen* Elite Deutschlands jener Zeit vorlag. Diese Elite hatte jedoch ihre für die Lebensbewältigung des nationalen Kollektivs notwendige Verantwortung aus dem Auge verloren und versuchte, durch eine in ihren Identitäten verankerte Art von Trotzhaltung der ganzen Welt die Stirn zu bieten. Durch die diplomatisch errungenen Erfolge *Bismarcks* sahen sich viele Deutsche in ihrer Identität des Prinzips der ‚Herrschaft durch Gefolgschaft' bestärkt. In ihrem Auftreten spiegelte sich ihre Selbstgewissheit. Die *Bismarcksche* Reichsgründung hatte ja auch tatsächlich ein Gefühl von Aufbruchsstimmung erzeugt. Diese manifestierte sich z.B. auch in der damals in Deutschland entstandenen sogenannten *Lebensreformbewegung.* Mit dem Ruf ‚Zurück zur Natur' wurde ein Wandel der privaten Lebensführung erstrebt, der sich am Lebensstil der von *Tacitus* beschriebenen Germanen orientierte und der von einer weit verbreiteten Germanomanie zeugte. Seinen Ausdruck fand er auch in der *Wandervogelbewegung*, in der Hinwendung zur *Naturheilkunde* als Alternative zur Schulmedizin, in der *Freikörperkultur* (Nudismus), in einer Reform der Essgewohnheiten (Vegetarismus), im *Jugendstil* und in vielem anderen bis hin zu neuen Formen des Wohnens (*Gartenstadtbewegung*). Für den Skeptiker *Wilhelm Busch* (1832–1920) war das ein Anlass zu zeichnen und zu dichten: „Wenn einer der mit Mühe kaum, gekrochen ist auf einen Baum, schon meint, daß er ein Vogel sei, so irrt sich der."[50]

Am 11. November 1918 endete der auch als Urkatastrophe des 20. Jahrhunderts gekennzeichnete erste Weltkrieg mit einer Niederlage Deutschlands und dem demütigenden Versailler Vertrag. Der Historiker *Winkler* beschreibt die verworrene Lage dieser Zeit wie folgt: „Wer sich schon 1914 der ‚Kriegsbegeisterung' verweigert hatte oder durch den Krieg zum Kriegsgegner geworden war, konnte sich 1918 auf die radikalste aller linken Positionen stellen und den Krieg mit dem Bürgerkrieg beantworten, um die kapitalistische Gesellschaftsordnung zu beseitigen, aus der

50 Sämtliche Werke, Band 6, S. 71 ff.

der ‚imperialistische' Krieg vermeintlich hervorgegangen war. Wer den Krieg als Naturnotwendigkeit bejahte und bis zuletzt daran festhielt, daß das eigene Land stets im Recht war, der war kaum bereit, eine Niederlage als endgültig zu akzeptieren; der Friede konnte für ihn nicht mehr sein als ein Zwischenspiel bis zum nächsten bewaffneten Kampf zwischen den Völkern."[51]

Durch die Niederlage am Ende des Krieges wurde in Deutschland der Weg frei für den Übergang von der konstitutionellen Monarchie *Bismarckscher* Prägung zu einer parlamentarischen Demokratie westlicher Prägung. Durch die Abdankung des Kaisers und der Fürsten der Einzelstaaten sowie durch die Verabschiedung einer neuen (der Weimarer) Verfassung wurden entscheidende Voraussetzungen geschaffen, die die Entstehung eines in den Identitäten zu verankernden modernen Menschenbilds ermöglichen sollten, wie es 1776 und 1789 anderswo bereits durchgesetzt worden war. Durch das Erleben während des Krieges war auch ein Bewusstsein entstanden, Bürger eines gemeinsamen Nationalstaates zu sein und für diesen Verantwortung übernehmen zu müssen. Jedoch bedeutete die Tatsache, dass die identitätsmäßig zu verankernde Neuorientierung ursächlich mit der Niederlage zusammenhing, natürlich eine schwere Vorbelastung für das Entstehen dieser Neuorientierung. Trotz der Enttäuschung über das für die Niederlage verantwortliche Führungspersonal und einer damit einhergehenden Erschütterung des Vertrauens in das obrigkeitsstaatliche Herrschaftsprinzip konnte eine identitätsmäßige Neuorientierung nicht im Handumdrehen erfolgen.

Das, was an nationaler Identität entstehen konnte oder bereits entstanden war, war noch nicht tragfähig genug und besaß noch nicht die Kraft, um handlungsbestimmend zu sein. Daher: Aus Angst vor der Bedrohung durch den Bolschewismus, der in Russland bereits an die Macht gekommen war, sowie weil breiten Kreisen des Bürgertums durch die Hyperinflation die materielle Existenzgrundlage vernichtet worden war und nicht zuletzt,

51 Geschichte des Westens. Die Zeit der Weltkriege 1914 – 1945, S. 126f.

weil viele Menschen die militärische Besetzung des Ruhrgebiets zur Sicherstellung der Reparationszahlungen als eine schwere Demütigung empfanden, waren viele bereit, einem als durchsetzungsfähig angesehenen Politiker die Aufgabe zu übertragen, mit den Problemen des Landes fertigzuwerden. Das Vertrauen in das in den Identitäten verankerte Prinzip der Gefolgschaft, wie es im Mythos des im Kyffhäuserberg schlafenden und dereinst wiederkehrenden Kaisers viele Jahrhunderte fortgelebt hatte, war noch immer vorhanden und konnte handlungsbestimmend werden.

Bei einem solchen Umfeld konnte am 30. Januar 1933 ein Mann wie *Adolf Hitler* (1889–1945) zum Reichskanzler ernannt werden – und waren die Deutschen bereit, diesem Mann Gefolgschaft zu leisten. Diese Ernennung war eine fatale Entscheidung. Durch *Adolf Hitler* wurde das politische Herrschaftsprinzip der Gefolgschaft zur *Heimsuchung* der Deutschen.

Der am 1. September 1939 mit dem Einmarsch in Polen begonnene Zweite Weltkrieg endete mit der deutschen Kapitulation im Mai 1945. Die vordringliche Aufgabe der Menschen bestand jetzt darin, Nahrung für das nackte Überleben zu finden und die allgegenwärtigen Trümmer zu beseitigen, um sich wieder eine Behausung einrichten und so das Leben wieder notdürftig fortsetzen zu können. In dieser Not war der Besitz lutherisch geprägter deutscher Identitäten eine große Lebenshilfe. Die Kraft zum Wiederaufbau entstand aus dem verinnerlichten und in den Identitäten verankerten Glauben an die Erreichbarkeit auch unerreichbar erscheinender Ziele.

Da viele Männer gefallen waren oder sich noch in Gefangenenlagern befanden, begannen die Frauen damit, aus Trümmern wiederverwertbares Baumaterial zu machen. Auch den Putz von alten Ziegelsteinen abzuschlagen und Trümmerschutt wegzukarren kann man als ein Handeln im Geist lutherischer Weltfrömmigkeit ansehen. Diese sogenannten *Trümmerfrauen* haben mit ihrer Knochenarbeit und ihrem Engagement einen ersten, aber entscheidenden Beitrag zum Wiederaufbau des deutschen Gemeinwesens geleistet. Mit ihnen wurde Volk in einem elementaren Sinn zum deutschen Akteur. Die Wiederherstellung eines wirtschaftlich erfolgreichen (westdeutschen) Gemeinwesens verdankte sich nicht zuletzt auch den von *Martin Luther* gestifteten Identitätsbestandteilen und der von diesen ermöglichten Orientierung mitsamt der von ihr mobilisierbaren Kraft.

Unbeschadet der durch eine gemeinsame Kraftanstrengung schließlich erfolgten Wiederherstellung eines funktionierenden Gemeinwesens und eines damit einhergehenden Stolzes ist mit dem Bekannt- und Bewusstwerden der im Namen Deutschlands begangenen Verbrechen auch ein identitätsverankertes Bewusstsein entstanden, dass die Verantwortung für diese Verbrechen vom nationalen Kollektiv übernommen werden muss. Deutsches Schuldbewusstsein ist zu einem prägenden Bestandteil deutscher Identität geworden. Durch das im Zentrum der Hauptstadt errichtete *Denkmal für die ermordeten Juden Europas* und durch die zu Gedenkstätten umgewandelten Konzentrationslager wurde es unter Beweis gestellt. Diese Gedenkstätten sollen zukünftigen Generationen eine Vergewisserung des deutschen Identitätsbestandteils der Mitverantwortlichkeit ermöglichen.

Mit dem Untergang des „Dritten Reiches" ist der geschichtlich entstandene deutsche Identitätsbestandteil der Gefolgschaft in wohl dauerhaft überzeugender Weise diskreditiert worden. In Deutschland ist ein breit abgestützter Konsens entstanden, wonach Deutschland unwiderruflich in europäische Strukturen eingebunden sein sollte. Das hohe Ziel einer solchen Einbindung ist im Land lutherisch geprägter Identitäten zu einem Identitätsbestandteil geworden, wie er in ähnlicher Weise bei einem gebrannten Kind entsteht, das von da an das Feuer fürchtet.

Unter diesen Umständen kann eine für die Stabilität eines Gemeinwesens unverzichtbare nationale Kollektividentität als innerlich verpflichtende und in der Natur des Menschen angelegte lebensnotwendige Lebenshilfe keine Bedrohung mehr für andere Staaten darstellen. Daher kann die Tatsache, dass bei der Fußballweltmeisterschaft von 2006 in Deutschland wieder Fahnen aus den Fenstern gehängt wurden, nicht als ein Zeichen gedeutet werden, die deutsche Wiedervereinigung könne zu einem Rückfall in einen bedrohlichen deutschen Nationalismus werden.

Am 9. November 1989 wurde von der ostdeutschen Bevölkerung, die zuvor mit dem Ruf ‚Wir sind das Volk' demonstrierend durch die Straßen gezogen war, mit ihrem unwiderstehlichen Drang nach Freiheit die Überwindung der 28 Jahre zuvor errichteten Berliner Mauer erzwungen. Anders als 1870/71 wurde 1989 *deutsches Volk zum entscheidenden Akteur*. Die Menschen des ostdeutschen Staates haben ihr Leben aufs Spiel gesetzt, um die Berliner Mauer zu überwinden. Es kam zwar nicht zu Blutvergießen, doch haben die Menschen bei ihrem Aufstand ganz bewusst große Risiken für Leib und Leben in Kauf genommen und auf diese Weise einen Erinnerungsort als Grundlage für die Stiftung von nationaler Identität entstehen lassen. Maßgebende Politiker, wie *Helmut Kohl, Hans-Dietrich Genscher oder Willy Brandt,* haben um diese Unentbehrlichkeit einer tragfähigen nationalen Identität gewusst, und daher entscheidend zur Wiedervereinigung der beiden deutschen Staaten beigetragen. Der Tag der Maueröffnung wurde der glücklichste Moment der deutschen Geschichte.

Aus der Perspektive von Identität hätte es daher nahegelegen, den 9. November als Tag der Maueröffnung zum Nationalfeiertag zu erklären, doch hatten am 9. November 1938 die von den Nazis angezettelten Pogrome gegen die Juden stattgefunden (von der Bevölkerung verharmlosend als Reichskristallnacht bezeichnet). Vor allem deswegen wurde der 3. Oktober zum Nationalfeiertag erhoben. An diesem Tag 1990 war verfassungsmäßig-rechtlich die Wiedervereinigung, d.h. die Wiederherstellung der deutschen Einheit, vollzogen worden.

Die Wahl dieses Termins hatte allerdings auch mit einer weiteren deutschen Besonderheit zu tun. Im Verlauf der deutschen Geschichte waren es auf die eine oder die andere Weise immer *Rechtskonstruktionen gewesen,* die das deutsche Ganze zusammengehalten und daher auch ihren Niederschlag in deutschen Identitäten gefunden hatten. Das Heilige Römische Reich deutscher Nation war eine solche Rechtskonstruktion. Auch das von *Bis-*

marck errichtete Kaiserreich entstand primär als Rechtsakt. Die identitätsverankerte Hochachtung, die bis heute in Deutschland dem Recht als einer nicht in Frage zu stellenden Autorität entgegengebracht wird, ist also geschichtlich bedingt. In Deutschland ersetzte Vertrauen in formales Recht die Kraft fehlender, auf das Gemeinwesen bezogener Kollektividentität. Daher spielt die deutsche Verfassung, das deutsche *Grundgesetz* und sein Hüter, das Bundesverfassungsgericht, für die Orientierung der deutschen Politik eine bis heute in keinem anderen Land der Welt erreichte Rolle. Auch die sprichwörtliche Staatsgläubigkeit der Deutschen kann als ein Ausdruck identitätsverankerten Respekts vor dem vom Staat gesetzten Recht angesehen werden.

7

Ausblick

Wissenschaft und Technik haben Teilen der Menschheit einen Lebensstandard ermöglicht, der insgesamt gesehen die Grenzen vorhandener Ressourcen zu übersteigen droht. Erstmals in seiner Geschichte muss der Mensch zur Kenntnis nehmen, dass die ihm von der Natur zur Verfügung gestellten Ressourcen nicht unbeschränkt vorhanden sind. Eine bald auf zehn Milliarden Menschen anwachsende Weltbevölkerung steht heute vor der Aufgabe, selber die Verantwortung für eine nachhaltige Bereitstellung ihrer Lebensgrundlagen übernehmen zu müssen.

Obwohl Wissenschaft und Technik auch in Zukunft für Fortschritte bei der Nutzung vorhandener Ressourcen sorgen werden, können nachhaltige Erfolge sich nur dann einstellen, wenn es gelingt, in den Identitäten der Menschen das Bewusstsein zu verankern, durch eine Veränderung ihrer Lebensstile Mitverantwortung übernehmen zu müssen, um die auf unserer Erde zur Verfügung stehenden Ressourcen mit ihrer Inanspruchnahme ins Gleichgewicht zu bringen. Dieses anspruchsvolle Ziel ohne Inkaufnahme von Krieg oder Katastrophen zu erreichen, dürfte nicht leichtfallen. Die Besitzenden von heute verfügen über einen in ihren Identitäten verankerten Anspruch, ihren Lebensstil beibehalten zu wollen, während die heute Unterprivilegierten einen naturgegebenen und daher ebenfalls identitätsverankerten Anspruch auf eine Verbesserung ihres Lebensstils besitzen.

Charles Taylor hat mit seiner Untersuchung „Quellen des Selbst" die Entwicklung der europäisch-westlichen Literatur und Philosophie von der griechischen Antike bis in die Gegenwart nachgezeichnet und damit die Voraussetzung für deren Niederschlag in den Identitäten aufgezeigt. Er hat das heutige Selbstbild der Menschen des europäisch-westlichen Kulturkreises vor allem als durch Innerlichkeit und das Gefühl des Eingebettetseins in die Natur charakterisiert. Seine Untersuchung ist zugleich aber auch eine Demonstration der Formbarkeit von Identitäten. Entscheidend für das Gelingen der Verantwortungsübernahme der Menschheit für eine nachhaltige Nutzung der zur Verfügung stehenden Ressourcen wird es also sein, dass eine Überformung der heute bestehenden Identitäten durch das Bewusstsein des Eingebettetseins in die Natur nicht nur in den westlichen Ländern, sondern vor allem in den durch Übervölkerung gekennzeichneten Ländern Asiens und Afrikas gelingt.

Außer von der hoffentlich möglichen Entstehung eines weltweiten Bewusstseins der Schutzbedürftigkeit der Natur könnte das zukünftige menschliche Selbstbild aber wohl auch von der Entdeckung der elektronischen Informationstechnologie geprägt werden. Das Entstandensein einer in der menschlichen Vorstellung vorhandenen „Cyber-Welt" und das Bewusstsein unserer Abhängigkeit von ihr könnte für die Formung unserer Identitäten vielleicht einmal eine ähnliche Bedeutung erlangen, wie es vor etwa 300.000 Jahren die Entdeckung des Feuers und das Erlernen der Fähigkeit, dieses zu erzeugen und zu nutzen, gehabt hat.

Das nunmehr allen Angehörigen eines Kollektivs relativ einfach zugängliche Wissen wird die bisher dominierende Stellung traditioneller Eliten wohl vermehrt in Frage stellen. Der Vorsprung an Wissen und damit verbundener Bildung war bisher die entscheidende Voraussetzung für die privilegierte Stellung dieser Eliten und ihre herausgehobene gesellschaftliche Bedeutung bei der Führung auch demokratisch organisierter Kollektive. Das nunmehr allen zugängliche Wissen dürfte es auch breiteren Kreisen der Bevölkerung erleichtern, in die Position von Elite aufzusteigen. Damit verbunden wäre wohl auch ein „Zusammenrücken" von Eliten und allgemeiner Bevölkerung, und das dürfte für den

Zusammenhalt bestehender Kollektive und für deren Stabilität vorteilhaft sein. Wenn breitere Kreise maßgebend für den Charakter eines Kollektivs werden, dürfte das vor allem auch die in den Identitäten verankerte ‚Wertschätzung des gewöhnlichen Lebens' weiter erhöhen, eine Wertschätzung, von der *Charles Taylor* gezeigt hat, dass sie für das menschliche Selbstbild der Neuzeit ausschlaggebend wurde.

In einem weniger universalen Sinn dürften Identitäten eine Rolle spielen bei der „Bereinigung" der von dynastischer oder kolonialer Herrschaft hinterlassenen Strukturen. Ein beträchtlicher Teil der heutigen Staaten verdankt seine Entstehung den einst maßgebenden Interessen von Monarchien und Kolonialmächten. Der Zuschnitt nicht nur der inzwischen zu Nationalstaaten gewordenen ehemaligen Kolonien, sondern auch vieler europäischer Demokratien wurde vor allem von den Interessen der regierenden Herrschaftshäuser bestimmt. Die Bevölkerungen dieser heutigen Staaten konnten in der Regel nur wenig zu deren Entstehung beitragen, sie gehörten gewissermaßen zum Inventar des jeweiligen Staates.

Als Hinterlassenschaft der genannten Vergangenheit gibt es heute viele Staaten, in denen unterschiedliche Ethnien, Stammesgesellschaften oder Volksstämme zusammengefasst sind. Oft ist in diesen Fällen kein sich als zusammengehörig empfindendes Staatsvolk entstanden, so dass auch keine tragfähige kollektive nationale Identität vorhanden ist. In einigen Fällen, wie beispielsweise im Fall der Tschechoslowakei oder Jugoslawiens, in denen Völker mit früher einmal eigener Geschichte und eigenen Erinnerungsorten zusammengefasst waren, sind daher mittlerweile eigene Staaten in dem Bestreben entstanden, sie auf dem Fundament einer tragfähigen nationalen Identität zu errichten. Ähnlich zu beurteilen ist auch der Zerfall der Habsburger Monarchie oder des osmanischen Reiches.

Die Aufteilung eines aus mehreren Volksbestandteilen gebildeten Staates zu selbständigen Staaten ist natürlich ein Vorgang, dem sich wegen siedlungsmäßiger, wirtschaftlicher oder kultureller Verflechtungen große Hindernisse in den Weg stellen. Ob diese in den aktuellen Bestrebungen Französisch-Kanadas, Kataloniens oder Schottlands überwunden werden können, sei dahingestellt. Die genannten Bestrebungen nach eigener Staatlichkeit können jedoch als Zeichen angesehen werden, dass dem Wunsch, in einem Staat mit einer möglichst tragfähigen nationalen Identität zusammenzuleben, heute eine wachsende Bedeutung zukommt. In Asien und vor allem auch in Afrika dürften in der Zukunft wohl noch eine ganze Reihe neuer Nationalstaaten im Bestreben nach einer tragfähigen kollektiven Identität entstehen.

Während das *Streben* nach tragfähiger kollektiver Identität eine für die Gestaltung der zukünftigen Staatenwelt nicht zu unterschätzende Kraft sein dürfte, ist in Europa umgekehrt die *Bewahrung* vorhandener kollektiver Identitäten ein Faktor, dessen Bedeutung man nicht aus dem Auge verlieren darf, wenn man eine Antwort auf die Frage nach der Zukunft der Europäischen Union (EU) sucht. Der europäische Zusammenschluss war bisher vor allem ein Projekt europäischer Eliten. Diese würden allein schon aus ihrem Eigeninteresse die Kompetenzen der europäischen Ebene bis hin zu eigener Staatlichkeit gerne weiter ausbauen. Für einen Ausbau der Kompetenzen der europäischen Institutionen können viele und natürlich auch gute Sachargumente vorgebracht werden: Der Aufstieg neuer Machtzentren, insbesondere der Aufstieg Chinas, erfordert die Bündelung der europäischen Kräfte, um ein im Weltmaßstab handlungsfähiger Akteur zu sein.

Es stellt sich somit die wohl entscheidende Frage, ob die *identitätsmäßige* Voraussetzung für eine Entwicklung zu immer mehr Staatlichkeit der europäischen Ebene gegeben ist oder anders gesagt, ob es gemeinsame Erinnerungsorte gibt, die eine Bildung europäischer Kollektividentität und darauf gegründeter stabiler Staatlichkeit ermöglichen könnten beziehungsweise erwarten lassen. Eine Antwort auf diese Frage versuchte die Studie „Das umstrittene Gedächtnis. Die Erinnerung an Nationalsozialismus, Faschismus und Krieg in Europa seit 1945" des Historikers *Arnd Bauerkämper* zu geben. Der Verfasser beschreibt detailliert die nach den Geschehnissen des letzten Jahrhunderts in Europa entstandene Gedächtnis- und Erinnerungskultur. Doch bei aller Bereitschaft, die europäischen Geschehnisse im Gedächtnis wachzuhalten, habe das nicht bedeutet, dass *gemeinsame* Erinnerungsorte entstanden wären. Auch wenn inzwischen allgemein anerkannt wird, dass der Antisemitismus ein gemeinsames Übel in der Geschichte der einzelnen europäischen Völker bildete, wurde *Auschwitz* kein gemeinsamer europäischer Erinnerungsort. Zu sehr ist das Verbrechen von Auschwitz mit Deutschland verbunden. Die Erinnerungen an den Nationalsozialismus, Faschismus, zweiten Weltkrieg und den Holocaust haben national bezogene, ganz unterschiedliche und in den nationalen Identitäten verankerte Prägungen erhalten. „Damit prallen auch weiterhin differente, oft sogar gegensätzliche Erinnerungen aufeinander, die emotional und affektiv tief verwurzelt sind."[52]

Zu Recht weist *Bauerkämper* auch darauf hin, dass ein ‚negatives Gedächtnis' wie jenes, das auf den Holocaust bezogen ist, als Grundlage einer gemeinsamen Erinnerungskultur und einer gemeinsamen Identität ohnehin ungeeignet wäre. Für das Entstehen gemeinsamer kollektiver Identität müssten *positive* politische und gesellschaftliche Geschehnisse vorliegen. „Eine *gemeinsame* Erinnerungskultur der Europäer wird voraussichtlich ebenso eine Chimäre bleiben wie eine einheitliche Identität."[53]

Die Antwort auf die Frage nach der Zukunft der EU hängt somit im Wesentlichen davon ab, ob sich die Kräfte durchsetzen können, die auf einen europäischen Nationalstaat abzielen. In der vorliegenden Studie wurde die Unverzichtbarkeit von kollektiver Identität für die Stabilität und Dauerhaftigkeit eines Staates gezeigt – die geschichtlichen Erfahrungen weisen alle in dieselbe Richtung – so dass die gesuchte Antwort nach der Zukunft der EU nur dann positiv ausfallen kann, wenn bei der Fortentwicklung der Europäischen Union kluge Zurückhaltung beachtet wird und wenn dort, wo sie vorhanden sind, die nationalen Identitäten gebührend respektiert werden.

52 Das umstrittene Gedächtnis, S. 396.

53 Ebd., S. 396.

Ein Nachwort zum Identitätsbegriff

Der Identitätsbegriff entstammt ursprünglich dem Bereich der analytischen Philosophie. Seiner lateinischen Herkunft entsprechend, bedeutet Identität vollkommene Gleichheit. In diesem Sinne kann man den Morgenstern als identisch mit dem Abendstern bezeichnen; beide Mal handelt es sich um denselben Planeten (die Venus). In der klassischen Philosophie bestand unter anderem eine Aufgabe darin, nachzuweisen, dass etwas, von dem man glaubte oder behauptete, dass es verschieden sei, in Wahrheit ein und dasselbe sei, d.h. identisch sei. Der in der vorliegenden Studie gebrauchte Identitätsbegriff ist von ganz anderer Natur als der althergebrachte philosophische Identitätsbegriff.

Als Erster und gewissermaßen vorwegnehmend nahm *Sigmund Freud* auf diesen in der Neuzeit entstandenen Identitätsbegriff Bezug, als er einmal eher beiläufig von seiner jüdischen Identität sprach. Nachdem die Psychologie als wissenschaftliche Disziplin entstanden war, entstand auch der auf die menschliche Person bezogene personale beziehungsweise sozialpsychologische oder anthropologische Identitätsbegriff. Identität kennzeichnete jetzt nicht nur die sie konstituierenden Bestandteile, sondern auch den Willen zur Selbstverwirklichung und eine Verpflichtung dazu, sich selbst treu zu bleiben. Als solche wurde sie eine in der Psyche des Menschen angelegte geistige Befähigung, die für ihren Besitzer eine unverzichtbare Lebenshilfe darstellt und die ein Bestandteil der menschlichen Natur, d.h. der sogenannten Condition Humaine, wurde.

Inzwischen wurde von dem kanadischen Philosophen *Charles Taylor* der großangelegte Versuch unternommen, eine Geschichte der neuzeitlichen Identität zu schreiben und zu zeigen, was es unter den Gegebenheiten heutiger „Empfindungen der Innerlichkeit, der Freiheit, der Individualität und des Eingebettetseins in die Natur“[54] heißt, ein handelndes menschliches Wesen zu sein. Seine in der deutschsprachigen Übersetzung 900-seitige Studie „Quellen des Selbst. Die Entstehung der neuzeitlichen Identität“ sollte zugleich einem „erneuerten Verständnis der Neuzeit“ und dem Begreifen „der in den letzten drei oder vier Jahrhunderten erfolgten gewichtigen Umgestaltungen unserer Kultur und Gesellschaft“[55] dienen.

Bedauerlicherweise hat sich allerdings die Bezeichnung Identität zur Kennzeichnung ganz unterschiedlicher Tatbestände eingebürgert. Am bekanntesten ist, dass die Staatsbürgerschaft eines Menschen als dessen Identität bezeichnet wird. Diese Art von Identität bezeichnet jedoch eine administrativ zugeordnete Eigenschaft, die nicht mit einem verinnerlichten Bestandteil einer Identität, wie sie in der vorliegenden Studie dargestellt wurde, verwechselt werden darf. Sogar bei Konsumgütern spricht man von Identität, beispielsweise von der Identität eines Porsche oder einer Schweizer Uhr. Zugeschrieben wird in diesen Fällen eine immer gleichbleibende Qualität, Zuverlässigkeit, Exklusivität und so weiter.

Schließlich gibt es auch noch den Begriff einer *soziologischen* Identität. Unter diesem Begriff werden intellektuelle Konstruktionen verstanden, die einem Individuum oder einer Gruppe Kontinuität und Selbstsicherheit vermitteln sollen, die aber von ihrem Ursprung her keinen seelischen Bestandteil darstellen und für die daher die Bezeichnung als „Identität“ unzutreffend ist. Soziologische Identität bezeichnet eine Zuschreibung. Sie ist ein Denkmodell und entspricht daher nicht dem im vorliegenden Buch dargestellten, in den Seelen von Menschen verankerten Selbst-

54 Quellen des Selbst, S. 7.

55 Ebd., S. 7.

oder Weltbild. Der soziologische Identitätsbegriff hat im Übrigen viel zur Verwirrung um den psychologischen Identitätsbegriff beigetragen. Sein Gebrauch entstand teilweise aus emanzipatorischen Bestrebungen. Er sollte dazu beitragen, ethnische, soziale, gendermäßig (Frauen!) oder in anderer Hinsicht tatsächlich oder vermeintlich benachteiligte Gruppen oder Bevölkerungsschichten zu schützen oder zu unterstützen.

Mit der Verwässerung des Identitätsbegriffs wurden *Kuckuckseier* in den Korb der Identitätsbegriffe gelegt und viel Verwirrung gestiftet. Der Philosoph *Odo Marquard* bezeichnete den Begriff Identität einmal als eine „Problemwolke mit Nebelwirkung". Gemäß dem italienischen Schriftsteller *Francesco Remotti* verdankt sich die heute dem Begriff Identität zugemessene Bedeutung einer dem Zeitgeist geschuldeten Obsession. Eine neuere Untersuchung des französischen Autors *Vincent Descombes* trägt in der Übersetzung den Titel „Die Rätsel der Identität" („Les embarras de l' identité"). Der amerikanische Schriftsteller und Literaturkritiker *Peter Brooks* gab seiner 2011 erschienenen Abhandlung den Titel „Enigmas of Identity". Bisher wurde allerdings nirgendwo eine überzeugende Auflösung des Rätsels angeboten.

Nachdem in der vorliegenden Abhandlung der Identitätsbegriff in einer seinem Ursprung entsprechenden Weise bestimmt wurde, sollte eigentlich ein auf Missverständnissen beruhender Gebrauch des Identitätsbegriffs nicht mehr möglich sein, wie dies beispielsweise im Schlusssatz einer feierlichen Rede des französischen Innenministers *Jean-Paul Chevènement* zum Ausdruck kam: „Der größte Dienst, den Deutschland und Frankreich Europa und der Welt leisten können, (besteht) darin, äußerst deutsch, äußerst französisch zu sein [...] damit jene gemeinsame Identität entstehen kann, die die große Aufgabe der Zukunft ist."[56]

In der vorliegenden Arbeit wurde Identität vor allem im Hinblick auf ihre Bedeutung im persönlich-individuellen sowie im politisch-gesellschaftlichen Bereich untersucht. Oft handelte es sich dabei um langlebige Identitäten, die teilweise von Genera-

56 Frankfurter Allgemeune Zeitung, 15. Mai 1998, S. 14.

tion zu Generation weitergegeben wurden. Die im vorliegenden Buch vorgenommene Konzentration auf solche Identitäten sollte allerdings nicht dahingehend missverstanden werden, dass Identitäten nur im privaten oder politisch-gesellschaftlichen Bereich als bedeutsam anzusehen sind oder dass sie sich stets durch fehlende oder nur geringe Wandelbarkeit auszeichnen. Der Arzt und Psychoanalytiker *Erik Erikson* hat gezeigt, dass und warum sich im Leben eines Menschen immer wieder neue Identitätsbestandteile bilden und dass sich dementsprechend das Profil der Identität im Lauf des Lebens eines Menschen wandeln kann oder sogar wandeln muss.

Kurzfristiger entstandene, oft dem Wandel des Zeitgeists geschuldete Identitäten spielen vor allem im Bereich der Wirtschaft eine bedeutsame Rolle. Der 2001 mit dem Nobelpreis für Wirtschaft ausgezeichnete *George Akerlof* und *Rachel Kranton* haben dies in ihrem 2010 erschienenen Buch „Identity Economics“ dargelegt. Solche Identitäten, wie sie beispielsweise durch ein in jüngerer Zeit entstandenes Umweltbewusstsein gestiftet wurden, sind wirtschaftlich wichtige Faktoren geworden: So muss beispielsweise ein Unternehmer, der erfolgreich sein will, seinen Angestellten nicht nur angemessene Löhne zahlen, er muss, wenn möglich, seinen Angestellten das Gefühl geben, ihr Selbstbild durch ihre Tätigkeit in seinem Unternehmen verwirklichen zu können. Ähnlich ist es im Fall einer Firma, die sich beispielsweise dem ‚fairen Handel‘ verpflichtet fühlt. Sie kann Kunden gewinnen, die sich in ihrem Selbstbild durch den Kauf ihrer Produkte bestärkt empfinden.

Ein persönliches Nachwort

Die Entstehung des vorliegenden Buches hat autobiographische Gründe. Mein Vater war im „Dritten Reich“ in den Akten der Gestapo als „politisch unzuverlässig“ registriert gewesen und war beruflichen Beschränkungen unterworfen. Als überzeugte Demokraten haben meine Eltern im „Dritten Reich“ eine schwere Zeit durchgemacht. Sie haben unter der politisch-gesellschaftlichen Entwicklung Deutschlands und der damit auch für sie einhergehenden Bedrohung ihres Lebens schwer gelitten. Als Kind habe ich ihre Not gespürt, doch blieben mir die tieferen Gründe dafür natürlich verborgen.

Alle bisher bekannten Einsichten und Erkenntnisse haben mir keine zufriedenstellende Antwort auf die Frage geliefert, warum in einem kulturell so hochstehenden Land wie Deutschland der Nationalsozialismus entstehen und ein Mann wie *Adolf Hitler* Reichskanzler werden konnte – und warum meine Eltern sich daher bedroht fühlen mussten. Im Vorhandensein einer im Verlauf der Geschichte entstandenen kollektiven Identität glaube ich aber, die aus meiner Sicht bisher fehlende Antwort gefunden zu haben. Die handlungsbestimmende Kraft von kollektiver Identität wurde bisher zu wenig berücksichtigt. Das lag natürlich in erster Linie daran, dass die Bedeutung von kollektiver Identität und der in ihr enthaltenen Kraft bisher zu wenig erforscht wurde. Das vorliegende Buch versucht, diese Lücke zu schließen.

Weil kollektive Identität aber nicht nur Quelle destruktiver Gewalt sein kann, wie sie beispielsweise im Fall Ruandas zutage trat oder wie es der Buchtitel „Identity and Violence" des Nobelpreisträgers *Amartya Sen* suggeriert, habe ich im vorliegenden Buch versucht, menschliche Identität als eine in erster Linie auf Lebenshilfe angelegte menschliche Befähigung zu zeigen.

Es hat mir sehr geholfen, dass ich als Ökonom im Zusammenhang mit Untersuchungen zum fiskalischen Föderalismus und zur Gemeindeautonomie mit dem Thema Identität bereits in Berührung gekommen war, nachdem ich 1967 aus beruflichen Gründen meinen Wohnsitz in die Schweiz verlegt hatte und Vorlesungen über schweizerische Gemeindefinanzen zu meinem Aufgabengebiet gehörten. Nach meiner Emeritierung habe ich die Zeit gefunden, Antworten auf meine ursprüngliche Frage nach den tieferen Gründen der elterlichen Not zu suchen. Im Ergebnis hat mich das dann auch zu den allgemeinen Erkenntnissen geführt, die im vorliegenden Buch dargelegt sind.

Das vorliegende Buch kann im Übrigen auch als eine Warnung verstanden werden, die Kraft von kollektiver Identität zu unterschätzen. Das gilt sowohl im Hinblick auf ihre unentbehrliche Rolle als Lebenshilfe für ein politisches Kollektiv, d.h. also beispielsweise auch im Fall politischer Konstruktionen wie der Europäischen Gemeinschaft (EU), als auch ebenso im Hinblick auf die Folgen im Fall der Infragestellung vorhandener kollektiver Identität. Das Heilige Römische Reich deutscher Nation wäre 1806 nicht untergegangen, hätte es eine tragfähige kollektive Identität besessen.

www.bohley.ch

Literatur

Akerlof, George A., Kranton, Rachel E. (2010), Identity Economics. How our Identities shape our Work, Wages, and Well-Being, Princeton, Oxford.

Asserate, Asfa-Wossen (2013), Deutsche Tugenden. Von Anmut bis Weltschmerz, München.

Assmann, Jan (1997), Das kulturelle Gedächtnis. Schrift, Erinnerung und politische Identität in frühen Hochkulturen, München.

Bauer, Joachim (2006), Warum ich fühle, was du fühlst. Intuitive Kommunikation und das Geheimnis der Spiegelneurone, München.

Bauerkämper, Arnd (2012), Das umstrittene Gedächtnis. Die Erinnerung an Nationalsozialismus, Faschismus und Krieg in Europa seit 1945, Paderborn, München, Wien, Zürich.

Baumert, Andreas (2005), Mit der Muttersprache auf Talfahrt. Die Frage nach der deutschen Identität, Paderborn.

Bendix, Reinhard (1991), Strukturgeschichtliche Voraussetzungen der nationalen und kulturellen Identität in der Neuzeit, in: B. Giesen (Hrsg.), Nationale und kulturelle Identität, S. 39–55.

Bewes, Diccon (2010), Der Schweiz-Versteher. Ein Engländer unter Eidgenossen, München.

Bleckmann, Bruno (2009), Die Germanen. Von Ariovist bis zu den Wikingern, München.

Bohleber, Werner (1992), Identität und Selbst. Die Bedeutung der neueren Entwicklungsforschung für die psychoanalytische Theorie des Selbst, in: Psyche, Jg. 46, S. 336–365.

Bohley, Peter (1993), Europäische Einheit, föderatives Prinzip und Währungsunion: Wurde in Maastricht der richtige Weg beschritten? In: Aus Politik und Zeitgeschichte, Beilage zur Wochenzeitung Das Parlament, 1. Jan. 1993, S. 34–45.

Bohley, Peter (1994), Über die Voraussetzungen von Föderalismus und die Bedeutung kollektiver Identität. Zur Klärung häufiger Mißverständnisse, in: P. Kirchhof, K. Offerhaus, H. Schöberle (Hrsg.), Steuerrecht, Verfassungsrecht, Finanzpolitik. Festschrift für Hans Klein, Köln, S. 541–559.

Bohley, Peter (2004), Euro: eine Bremse für das Wirtschaftswachstum? In: Wirtschaftsdienst, Zeitschrift für Wirtschaftspolitik, Jg. 84, Sept. 2004, S. 568–575.

Boli, John, Elliott, Michael A. (2008), Facade Diversity. The Individualization of Cultural Difference, in: International Sociology, Bd. 23, S. 540–560.

Bonus, Holger (1995), Europäische Identität aus ökonomischer Sicht, in: W. Henrichsmeyer, K. Hildebrand, B. May (Hrsg.), Auf der Suche nach europäischer Identität, Bonn, S. 67–100.

Brooks, Peter (2011), Enigmas of Identity, Princeton und Oxford.

Busch, Wilhelm (1949), Sämtliche Werke, Bd. 6, München.

Conzen, Peter (1996), Erik H. Erikson: Leben und Werk, Stuttgart, Berlin, Köln.

Descombes, Vincent (2013), Les embarras de l'identité (Die Rätsel der Identität), Paris.

Deutsch, Karl W. (1976), Die Schweiz als ein paradigmatischer Fall politischer Integration, Bern.

Dieckmann, Friedrich (2003), Was ist deutsch? Eine Nationalerkundung, Frankfurt a.M.

Dorn, Thea, Wagner, Richard (2011), Die deutsche Seele, München.

Ehlers, Joachim (Hrsg.) (1989), Ansätze und Diskontinuität deutscher Nationsbildung im Mittelalter, Sigmaringen.

Ehlers, Joachim (1991), Mittelalterliche Voraussetzungen für nationale Identität in der Neuzeit, in: B. Giesen (Hrsg.), Nationale und kulturelle Identität, S. 77–99.

Erikson, Erik H. (1956–57), Das Problem der Identität, in: Psyche, Jg. 10, S. 114–176.

Erikson, Erik H. (1965), Der junge Mann Luther, München.

Erikson, Erik H. (1973), Identität und Lebenszyklus, Frankfurt a.M.

Erikson, Erik H. (1988), Der vollständige Lebenszyklus, Frankfurt a.M.

Erikson, Erik H. (2005), Kindheit und Gesellschaft, 14. Auflage, Stuttgart.

Fichte, Johann Gottlieb (1808), Reden an die deutsche Nation, Neuauflage mit einer Einleitung von Alexander Aichele, 2008, Hamburg.

Fischer, Fritz (1961), Griff nach der Weltmacht. Die Kriegszielpolitik des kaiserlichen Deutschland 1914/18, Düsseldorf.

François, Etienne, Schulze, Hagen (2001), Deutsche Erinnerungsorte, 3 Bände, München.

Gasser, Adolf (1947), Gemeindefreiheit als Rettung Europas, Grundlinien einer ethischen Geschichtsauffassung, Basel.

Gehlen, Arnold (1993), Der Mensch. Seine Natur und seine Stellung in der Welt, Bd, 3 der Gesamtausgabe (hrsg. von K.S. Rehberg), Frankfurt a.M.

Giesen, Bernhard (Hrsg.) (1991), Nationale und kulturelle Identität. Studien zur Entwicklung des kollektiven Bewußtseins in der Neuzeit (mit Beiträgen von R. Bendix, V. Bischoff und M. Mania, J. Ehlers, R. von Thadden und vielen anderen), Frankfurt a.M.

Goethe, Johann Wolfgang (?), Goethes Werke, Auswahl in zehn Teilen (hrsg. von Karl Alt), Dichtung und Wahrheit, Berlin, Leipzig, Wien, Stuttgart.

Götz, Irene (2011), Deutsche Identitäten. Die Wiederentdeckung des Nationalen nach 1989, Köln, Weimar, Wien.

Graebig, Klaus (2004), Orientierung in Identität. Philosophische Grundlagen des Unternehmens, Berlin, Wien, Zürich.

Großfeld, Bernhard (1995), Europäische Identität aus juristischer Sicht, in: W. Henrichsmeyer, K. Hildebrand, B. May (Hrsg.), Auf der Suche nach europäischer Identität, Bonn, S. 53–65.

Hattenhauer, Hans (1994), Deutsche Nationalsymbole. Zeichen und Bedeutung, München.

Heindl, Erich J. (2001), Der Mensch, Situation und Sinnfrage. Grundriß einer medizinisch-philosophischen Anthropologie, München.

Heine, Heinrich (1868), Sämmtliche Werke, fünfter Band, Über Deutschland. Zur Geschichte der Religion und Philosophie in Deutschland, Hamburg.

Henrich, Dieter (1979), „Identität" – Begriffe, Probleme, Grenzen, in: O. Marquard, K. Stierle (Hrsg.), Identität, S. 133–186.

Heuß, Alfred (1984), Versagen und Verhängnis. Vom Ruin deutscher Geschichte und ihres Verständnisses, Berlin.

Historischer Verein des Kantons Schwyz (Hrsg.) (2012), Geschichte des Kantons Schwyz, 7 Bde., Zürich.

Holzkamp, K. (1973), Verborgene anthropologische Voraussetzungen der allgemeinen Psychologie, in: H.-G. Gadamer, P. Vogler (Hrsg.), Neue Anthropologie Bd. 5: Psychologische Anthropologie, Stuttgart, S. 237–282.

Hübner, Kurt (1991), Das Nationale. Verdrängtes, Unvermeidliches, Erstrebenswertes, Graz, Wien, Köln.

Huntington, Samuel P. (1996), The Clash of Civilizations and the Remaking of World Order, New York (Kampf der Kulturen. Die Neugestaltung der Weltpolitik im 21. Jahrhundert, München, 6. Aufl., 2002).

Huntington, Samuel P. (2004), Who are we? Die Krise der amerikanischen Identität, Hamburg, Wien.

James, Harold (1989), A German Identity, 1770 to the Present Day, London.

Johannes Paul II. (Karol Wojtyla) (2005), Erinnerung und Identität, Gespräche an der Schwelle zwischen den Jahrtausenden, Augsburg.

Jonas, Klaus, Stroebe, Wolfgang, Hewstone, Miles (2014) (Hrsg.), Sozialpsychologie, 6. Aufl., Berlin, Heidelberg.

Keller, W. (1975), Philosophische Anthropologie – Psychologie – Transzendenz, in: H.-G. Gadamer, P. Vogler (Hrsg.), Neue Anthropologie Bd. 6: Philosophische Anthropologie, Erster Teil, Stuttgart, S. 3–43.

Krämer, Walter (2010), Wir können alles, sogar besser. Wo Deutschland wirklich gut ist, München.

Kreis, Georg (2010), Schweizer Erinnerungsorte. Aus dem Speicher der Swissness, Zürich.

Lübbe, Hermann (1979), Zur Identitätspräsentationsfunktion der Historie, in: O. Marquard, K. Stierle (Hrsg.), Identität, S. 277–292.

Luckmann, Thomas (1979), Persönliche Identität, soziale Rolle und Rollendistanz, in: O. Marquard, K. Stiele (Hrsg.), Identität, S. 293–313.

Maissen, Thomas (2010), Geschichte der Schweiz, 3. Aufl., 2011, Baden.

Mann, Thomas (2009), Betrachtungen eines Unpolitischen. Herausgegeben und textkritisch durchgesehen von Hermann Kurzke. Große kommentierte Frankfurter Ausgabe, Band 13.1, Frankfurt a.M.

Marquard, Odo (1979), Identität: Schwundtelos und Mini-Essenz – Bemerkungen zur Genealogie einer aktuellen Diskussion, in: O. Marquard, K. Stierle (Hrsg.), Identität, S. 347–369.

Marquard, Odo, Stierle, Karlheinz (Hrsg.) (1979), Identität (mit Beiträgen von D. Henrich, H. Lübbe, Th. Luckmann, Ch. Meier und vielen anderen), München.

Mead, George H. (1962), Mind, Self and Society, Chicago (Geist, Identität und Gesellschaft aus der Sicht des Sozialbehaviourismus, Frankfurt a.M., 1973)

Meier-Dallach, Hans-Peter, Ritschard, Rolf, Nef, Rolf (1990), Nationale Identität – ein Fass ohne Boden, Zürich.

Meyer, Thomas (2004), Die Identität Europas. Der EU eine Seele?, Frankfurt a.M.

Münkler, Herfried (2009), Die Deutschen und ihre Mythen, Berlin.

Münkler, Herfried, Hacke, Jens (Hrsg.) (2009), Wege in die neue Bundesrepublik. Politische Mythen und kollektive Selbstbilder nach 1989, Frankfurt, New York.

Nida-Rümelin, Julian, Weidenfeld, Werner (Hrsg.) (2007), Europäische Identität: Voraussetzungen und Strategien, Baden-Baden.

Noack, Juliane (2005), Erik H. Eriksons Identitätstheorie, Oberhausen.

Nora, Pierre (Hrsg.) (1984–1992), Les lieux de mémoire, 7 Bde., Paris.

Nora, Pierre (Hrsg.) (2005), Erinnerungsorte Frankreichs, München.

Oesterle, Günter (1991), Kulturelle Identität und Klassizismus, Wilhelm von Humboldts Entwurf einer allgemeinen und vergleichenden Literaturerkenntnis als Teil einer vergleichenden Anthropologie, in: B. Giesen, Nationale und kulturelle Identität, S. 304–349.

Olivet, Peter (2012), Zur Frage der Neubildung einer deutschen Identität im 21. Jahrhundert. Deutschland nach Krieg und Wiedervereinigung, Berlin.

Ostrom, Elinor (1990), Governing the commons. The evolution of institutions for collective action, Cambridge, New York (Die Verfassung der Allmende, Tübingen, 1999).

Plessner, Helmuth (1981), Die Stufen des Organischen und der Mensch, Einleitung in die philosophische Anthropologie, in G. Dux et al. (Hrsg.), Helmuth Plessner, Gesammelte Schriften IV, Frankfurt a.M.

Plessner, Helmuth (1982), Die Verführbarkeit des bürgerlichen Geistes, Politische Schriften (Die verspätete Nation und andere Aufsätze) in: G. Dux et al. (Hrsg.), Helmuth Plessner, Gesammelte Schriften VI, Frankfurt a.M.

Plessner, Helmuth (2002), Grenzen der Gemeinschaft. Eine Kritik des sozialen Radikalismus, Frankfurt a.M.

Popper, Karl, Eccles, John C. (1977), Das Ich und sein Gehirn, München

Pöppel, Ernst (2006), Der Rahmen. Ein Blick des Gehirns auf unser Ich, Kap. 12: Identität durch Bilder, München.

Prechtl, Peter, Burkard, Franz–Peter (Hrsg.) (1999), Metzler Philosophie Lexikon, 2. Aufl., Stichwort Identität, personale, Stuttgart, Weimar.

Prinz, Wolfgang (2013), Selbst im Spiegel. Die soziale Konstruktion von Subjektivität, Berlin.

Rauscher, Anton (Hrsg.) (2006), Nationale und kulturelle Identität im Zeitalter der Globalisierung, Berlin.

Reichel, Peter (2012), Glanz und Elend deutscher Selbstdarstellung. Nationalsymbole in Reich und Republik, Göttingen.

Reinhardt, Volker (2010), Kleine Geschichte der Schweiz, München.

Reinhardt, Volker (2011), Die Geschichte der Schweiz. Von den Anfängen bis heute, 2. Aufl., 2013, München.

Reinhardt, Volker (2014), Schweizer Mythen. Der Stoff, aus dem die Mythen sind – oder auch nicht, Zürich (Schriftenreihe der Vontobel-Stiftung).

Remotti, Francesco (2010), L'Ossessione identitaria, Bari.

Ronte, Dieter (1995), Europäische Identität aus kunsthistorischer Sicht, in: W. Henrichsmeyer, K. Hildebrand, B. May (Hrsg.), Auf der Suche nach europäischer Identität, Bonn, S. 45–51.

Rüdiger, Robert, Schlicht, Daniela, Saleem, Shazia (Hrsg.) (2010), Kollektive Identität im Nahen und Mittleren Osten, Studien zum Verhältnis von Staat und Religion, Münster.

Russel, Bertrand (1950), Philosophie des Abendlandes. Ihr Zusammenhang mit der politischen und sozialen Entwicklung, Frankfurt am Main.

Sarrazin, Thilo (2010), Deutschland schafft sich ab. Wie wir unser Land aufs Spiel setzen, 6. Aufl., München.

Scheler, Max (1917) Die Ursachen des Deutschenhasses. Eine nationalpädagogische Erörterung, Leipzig.

Schuller, Alexander (2005), Auf der Suche nach dem verlorenen Vater, in: Frankfurter Allgemeine Zeitung, 3. April 2005.

Schulze, Hagen (1995), Europäische Identität aus historischer Sicht, in: W. Henrichsmeyer, K. Hildebrand, B. May (Hrsg.), Auf der Suche nach europäischer Identität, Bonn, S. 17 – 43.

Sen, Amartya (2006), Identity and Violence: The Illusion of Destiny, New York, London (Die Identitätsfalle. Warum es keinen Krieg der Kulturen gibt, München, 2007).

Smend, Rudolf (1956), Integrationslehre, in: R. Smend, Staatsrechtliche Abhandlungen und andere Aufsätze, 3. Aufl., Berlin, 1994, S. 475–481.

Shaw, George Bernhard (1952), Selected Prose, New York.

de Staël, Anne Germaine, gen. Madame de Staël (1985), Über Deutschland, Frankfurt a.M., Leipzig.

Steinbuch, Karl (1992), Kollektive Dummheit, München.

Stern, Fritz (2005), Kulturpessimismus als politische Gefahr. Eine Analyse nationaler Ideologie in Deutschland, Stuttgart.

Stucki, Lorenz (1968), Das heimliche Imperium. Wie die Schweiz reich wurde, Bern, München, Wien.

Sontheimer, Kurt (1999), So war Deutschland nie. Anmerkungen zur politischen Kultur der Bundesrepublik, München.

Taylor, Charles (1989), Sources of the Self: The Making of Modern Identity, Cambridge, MA (Quellen des Selbst. Die Entstehung der neuzeitlichen Identität, Frankfurt a.M., 1994).

Tacitus, Publius Cornelius (ca. 98), De origine et situ Germanorum liber (Germania, übersetzt und kommentiert von Manfred Fuhrmann), Stuttgart, 1971.

Tajfel, Henri (1981), Human groups and social categories. Studies in social psychology, Cambridge, MA.

Toynbee, Arnold (1976), Mankind and Mother Earth – A Narrative History Of The World, Oxford (Menschheit und Mutter Erde, Düsseldorf, 1979).

Vienot, Pierre (1931), Ungewisses Deutschland, Zur Krise seiner bürgerlichen Kultur, Frankfurt a.M.

Wallenstein, Robert S., Goldberger, Leo (Hrsg.) (1998), Ideas and Identities: The Life and Work of Erik Erikson, Madison.

Weidenfeld, Werner (Hrsg.) (1983), Die Identität der Deutschen (mit Beiträgen von W. von Bredow, W. Bußmann, A. Grunenberg, M. Hättich, P. Hassner, Ch. von Krokow, W. J. Mommsen, S. Papke, H. Rausch, J. Rovan, H. Rudolph, K. Sontheimer, M. Stürmer, R. von Thadden), München, Wien.

Wessels, Wolfgang (1995), Europäische Identität aus politischer Sicht: Modeerscheinung, Mythos oder magische Legitimationsformel?, in: W. Henrichsmeyer, K. Hildebrand, B. May (Hrsg.), Auf der Suche nach europäischer Identität, Bonn, S. 101–122.

Winkler, Heinrich August (2009), Geschichte des Westens. Von den Anfängen in der Antike bis zum 20. Jahrhundert, München.

Winkler, Heinrich August (2011), Geschichte des Westens. Die Zeit der Weltkriege 1914–1945, München.

Wolters, Reinhard (2008), Die Schlacht im Teutoburger Wald. Arminius, Varus und das römische Germanien, München.

Zweig, Stefan (1995), Sternstunden der Menschheit. Zwölf historische Miniaturen, Frankfurt am Main.

Personenregister

L

M

N

O

P

R

S

T

V

W

Z

FSC
www.fsc.org
MIX
Papier | Fördert
gute Waldnutzung
FSC® C083411

Kolibri 360 GmbH
Ferdinand-Jühlke-Straße 7
99095 Erfurt, Deutschland
produktsicherheit@kolibri360.de